EQUIPO

101

JOHN C. MAXWELL

GRUPO NELSON
Una división de Thomas Nelson Publishers
Desde 1798

NASHVILLE   DALLAS   MÉXICO DF.   RÍO DE JANEIRO

© 2009 por Grupo Nelson®
Publicado en Nashville, Tennessee, Estados Unidos de América.
Grupo Nelson, Inc. es una subsidiaria que pertenece
completamente a Thomas Nelson, Inc.
Grupo Nelson es una marca registrada de Thomas Nelson, Inc.
www.gruponelson.com

Título en inglés: *Teamwork 101*
© 2009 por John C. Maxwell
Publicado por Thomas Nelson, Inc.
Publicado en asociación con Yates & Yates, www.yates2.com.

Traducción: *Enrique Luis Ruloff*
Adaptación del diseño al español: *www.Blomerus.org*

Porciones de este libro ya fueron publicadas previamente en *Las 17 leyes incuestionables del trabajo
en equipo, El talento nunca es suficiente, Desarrolle los líderes que están alrededor de usted, Líder de
360°, Cómo ganarse a la gente, Las 21 leyes irrefutables del liderazgo* y *Las 17 cualidades esenciales de
un jugador de equipo* por John C. Maxwell.

ISBN: 978-1-60255-762-8

Edición revisada por Lidere

www.lidere.org

Impreso en Estados Unidos de América

Contenido

PREFACIO

He sentido una gran pasión por el crecimiento personal la mayor parte de mi vida. De hecho, ¡he creado y logrado un plan de crecimiento para cada año durante los últimos cuarenta! La gente dice que la sabiduría viene con la edad, yo no creo que eso sea cierto, algunas veces la edad viene sola. No hubiera logrado ninguno de mis sueños si no me hubiera dedicado al mejoramiento continuo.

Si desea crecer y llegar a ser lo mejor de usted, debe tener la intención de lograrlo. La vida es, al mismo tiempo, ajetreada y compleja. La mayoría de la gente no tiene tiempo para terminar su lista de pendientes del día, y tratar de completar todo en cada área de la vida puede ser un reto. ¿Sabía que se ha producido más información nueva en los últimos treinta años que en los cinco mil anteriores? Una edición de cualquier día de la semana del *New York Times* contiene más información que la mayoría de la gente en Inglaterra en el siglo XVII podía encontrar en toda su vida.

Es por eso que he desarrollado la serie de libros 101. Hemos elegido cuidadosamente los temas básicos en liderazgo, actitud, relaciones, trabajo en equipo y ser mentor, y los hemos puesto en un formato que puede leer en una sentada. También puede llevar un libro 101 en un portafolio o bolso y leerlo en diferentes lugares conforme lo permita el tiempo.

En muchos de mis libros más grandes, trato cada tema en mayor detalle; lo hago porque creo que a menudo es la mejor manera de dar un valor agregado a la gente. *Equipo 101* es diferente. Es una introducción a un tema, no el «curso avanzado». Sin embargo, creo que le ayudará en su camino de crecimiento en esta área de su vida. Espero que disfrute este libro, y oro para que le ayude tanto como usted desee mejorar su vida y lograr sus sueños.

PARTE I

EL PODER DEL TRABAJO EN EQUIPO

¿POR QUÉ ES TAN IMPORTANTE EL TRABAJO EN EQUIPO?

*Uno es demasiado pequeño como para
pretender hacer grandes cosas.*

¿Quiénes son sus héroes favoritos? Está bien, quizás no tenga exactamente héroes. Entonces permítame preguntarle esto: ¿Cuáles son las personas que más admira? ¿Cómo quién desearía ser? ¿Cuáles son las personas que lo elevan y hacen que sienta cosquillas en el estómago? ¿Admira usted a…

- Empresarios innovadores, como Jeff Bezos, Fred Smith o Bill Gates?

- Grandes atletas, como Michael Jordan, Marion Jones o Mark McGwire?

- Genios creativos, como Pablo Picasso, Buckminster Fuller o Wolfgang Amadeus Mozart?

- Íconos de la música pop, como Madonna, Andy Warhol o Elvis Presley?

- Líderes espirituales, como John Wesley, Billy Graham o la Madre Teresa?
- Líderes políticos, como Alejandro Magno, Carlomagno o Winston Churchill?
- Gigantes de la industria cinematográfica, como D. W. Griffith, Charlie Chaplin o Steven Spielberg?
- Arquitectos e ingenieros, como Frank Lloyd Wright, los hermanos Starrett o Joseph Strauss?
- Pensadores revolucionarios, como Marie Curie, Thomas Edison o Albert Einstein?

O quizás su lista incluya a personas en un campo que no he mencionado.

Podemos afirmar con seguridad que todos admiramos a los triunfadores y, a nosotros los estadounidenses, nos encantan especialmente los pioneros y las personas exitosas que surgen de manera individual, las que luchan solas, a pesar de los pronósticos y la oposición: el colono que construye un hogar para sí mismo en los espacios salvajes de la frontera, el viejo oficial del Lejano Oeste que resuelto enfrenta al enemigo cara a cara, el piloto que vuela sin copiloto valientemente a través del Océano Atlántico y el científico que cambia al mundo con el poder de su mente.

El mito del llanero solitario

Aun cuando admiremos los logros solitarios, la verdad es que ningún individuo solo ha hecho nada de valor. La creencia de que una persona puede hacer algo grande es un mito. No existen los «Rambos» que puedan conquistar un ejército hostil por sí solos. Incluso el Llanero Solitario no era realmente un hombre solitario. ¡A todos los lugares que iba, cabalgaba con «Toro»!

Ningún individuo alcanzó un logro trascendental solo. Mire por debajo de la superficie y descubrirá que todo lo que aparenta ser un acto solitario es realmente el esfuerzo de un equipo. El explorador Daniel Boone tenía compañeros de la «Transylvania Company» que lo acompañaban mientras abría camino por terrenos salvajes. El *sheriff* (jefe policial) Wyatt Earp tenía a sus dos hermanos y a Doc Holliday protegiéndolo. El aviador Charles Lindbergh tenía de resguardo a nueve hombres de negocios de St. Louis y los servicios de la Compañía Aeronáutica Ryan, que construyeron su avión. Incluso Albert Einstein, el científico que revolucionó al mundo con su teoría de la relatividad, no trabajó en el aislamiento total. Einstein una vez manifestó, refiriéndose a la deuda que tenía con otras personas por su trabajo: «Varias veces al día reflexiono en lo que es mi vida externa e interna y lo mucho que debo al esfuerzo de mis compañeros, los que todavía viven y los que ya no, y cómo debo ejercitarme seriamente en regresar tanto como he recibido». Es verdad que la historia de nuestro país se asienta sobre los logros de grandes líderes e individuos innovadores que asumieron riesgos considerables, pero esas personas siempre eran parte de un equipo.

El economista Lester C. Thurow comentó respecto al tema:

No hay nada antitético en la historia, cultura o tradiciones estadounidenses respecto al trabajo en equipo. Los equipos eran importantes en la historia de Estados Unidos: carretas en fila conquistaron el Oeste, hombres que trabajaban juntos en la línea de ensamblaje de la industria norteamericana conquistaron el mundo, una estrategia nacional exitosa combinada con un gran trabajo en equipo pusieron primero a un estadounidense en la luna (y hasta ahora, el último). Pero la mitología norteamericana exalta solamente a los individuos… En Estados Unidos, existen las galerías de la fama para casi todas las actividades concebibles, sin embargo en ninguna parte hacen monumentos para enaltecer el trabajo en equipo.

Debo decir que no coincido con todas las conclusiones de Thurow. Después de todo, he visto los monumentos a la guerra del Cuerpo de la Marina de Estados Unidos en Washington, D.C., conmemorando el levantamiento de la bandera en Iwo Jima. No obstante tiene razón en algo. El trabajo en equipo es y ha sido siempre esencial para la construcción de este país, y esa declaración se puede hacer respecto de cada país alrededor del mundo.

EL VALOR DEL TRABAJO EN EQUIPO

Un proverbio chino declara: «Detrás ·de un hombre capaz siempre hay otros hombres capaces». La verdad es que el trabajo en equipo forma parte esencial de los grandes logros. La pregunta no es si los conjuntos tienen importancia, la pregunta es si reconocemos este hecho e intentamos ser mejores compañeros de equipo. Es por eso que acierto cuando afirmo que *uno es demasiado pequeño como para pretender hacer grandes cosas.* Usted solo no puede hacer nada de *verdadero* valor. Esta es la Ley de lo trascendental.

Le desafío a pensar en *un* acto de importancia genuina en la historia de la humanidad que haya sido realizado por un ser humano solo. No importa a quién nombre, siempre hallará ·a un equipo de personas involucradas. Esa es la razón por la cual el presidente Lyndon Johnson dijo: «No existen problemas que no podamos solucionar juntos, aunque hay muy pocos que podemos solucionar por nosotros mismos».

C. Gene Wilkes, en su libro *El liderazgo de Jesús,* observó que el potencial de los equipos no sólo es evidente en el mundo moderno de los negocios globales, sino que también tiene un legado evidente y muy profundo en épocas bíblicas. Wilkes acierta al decir:

- Los equipos involucran a más gente, produciendo así más recursos, ideas y energía que un individuo.
- Los equipos maximizan el potencial del líder y reducen sus debilidades. Las fortalezas y debilidades se exponen más en los individuos solitarios.
- Los equipos proporcionan múltiples perspectivas sobre cómo resolver una necesidad o alcanzar una meta, ideando así varias alternativas para cada situación. La proyección individual es raramente tan amplia y profunda como cuando un equipo enfrenta un problema.
- Los equipos comparten el mérito de las victorias y asumen las culpas por las pérdidas. Eso fomenta la humildad genuina y la comunidad auténtica. Los individuos solitarios asumen el mérito y la culpa solos. Eso fomenta el orgullo y, a veces, un sentido de fracaso.
- Los equipos hacen que el líder se mantenga rindiendo cuentas para lograr la meta. Los individuos que no están conectados a otros pueden cambiar la meta sin rendir cuentas a nadie.
- Los equipos pueden lograr más que un individuo solo.

Si desea alcanzar su potencial o esforzarse por lo supuestamente imposible, como comunicar un mensaje dos mil años después de que usted se haya ido, necesita convertirse en un jugador de equipo. Puede que suene como un cliché, no obstante es verdad: Los individuos solitarios participan en el juego, pero los equipos ganan los campeonatos.

¿POR QUÉ SOMOS INDIVIDUALISTAS?

Conociendo todo el potencial que podemos lograr como equipos, ¿por qué algunas personas desean hacer las cosas por sí solas? Existen varias razones:

1. EL EGO

Pocas personas están dispuestas a admitir que no pueden hacerlo todo, aun esa es una realidad de esta vida. No existen los «superhombres» ni las «supermujeres». Como Kerry Walls, uno de los integrantes de mi equipo Enjoy, dice: «Hacer girar más platos no hace crecer el talento, sino que aumenta las probabilidades de romper uno». Entonces, la pregunta no es si usted puede o no hacer todo solo, sino cuánto tiempo le llevará darse cuenta de que no puede.

El filántropo Andrew Carnegie afirmó: «Descubrir que otras personas pueden ayudarnos a lograr algo mayor de lo que podríamos hacer por nosotros mismos, es un gran paso en el progreso de nuestro desarrollo». Para lograr algo realmente grande, deje a un lado su ego y prepárese para formar parte de un equipo.

2. La inseguridad

En mi labor con líderes he observado que algunas personas no logran promover el trabajo en equipo porque se sienten amenazadas por los demás. El estadista florentino Nicolás Maquiavelo hizo observaciones similares en el siglo XVI que lo llevaron a escribir: «La primera regla para estimar la inteligencia de un gobernante es observar a los hombres que tiene alrededor suyo».

Creo que la inseguridad, más que la falta de juicio o carencia de inteligencia, a menudo hace que los líderes se rodeen de gente débil. Como lo indiqué en *Las 21 leyes irrefutables del liderazgo,* sólo los líderes seguros pueden otorgar poder a los demás. Esa es la Ley del otorgamiento de poderes. Por otra parte, los inseguros casi siempre fracasan al desarrollar equipos debido a una de dos razones: Desean mantener el control sobre todo por el hecho de que son los responsables o tienen miedo de ser reemplazados por alguien con mayor capacidad. En cualquiera de ambos casos, los líderes que no pueden promover el trabajo en equipo minan su propio potencial y erosionan los mejores esfuerzos de la gente con la que trabajan. Sin embargo, podrían beneficiarse del consejo del presidente Woodrow Wilson, que dijo: «No debemos utilizar solamente todos los cerebros que tengamos, sino también todos los que podamos pedir prestados».

3. LA INGENUIDAD

El consultor John Ghegan mantiene un cartel en su escritorio que dice: «Si tuviera que hacerlo todo de nuevo, buscaría ayuda». Este ejemplo representa exactamente las emociones del tercer tipo de personas que fracasan en el desarrollo de equipos. Ingenuamente subestiman lo difícil que es alcanzar grandes metas. Como resultado, intentan hacerlo solos.

Algunas personas que comienzan así en un grupo, cambian al final. Descubren que sus sueños son mayores que sus capacidades, descubren que no lograrán sus metas solos, por lo que se adaptan. Hacen de la preparación de equipos un recurso fundamental para cumplir las metas. Sin embargo, otros aprenden esta verdad demasiado tarde y, a raíz de eso, nunca logran alcanzar sus metas. Es una lástima.

4. EL TEMPERAMENTO

Algunas personas no son del todo simpáticas y, simplemente, no piensan en términos de trabajo y participación en equipo. Aunque enfrentan desafíos, nunca se les ocurre preparar a otros para alcanzar algo.

Como persona sociable, hallo esto difícil de entender. Siempre que enfrento cualquier clase de desafío, lo primero que hago es pensar en la gente que deseo que forme parte del equipo que ayudará. He sido así desde que era niño. Siempre pensé: *¿Por qué viajar solo, cuando uno puede invitar a otros para que lo acompañen?*

Entiendo que no todos actúan de esta manera. El hecho de que usted tenga o no la tendencia natural a participar en un equipo es realmente irrelevante. Si hace las cosas solo y nunca se asocia con otras personas, crea enormes barreras para el desarrollo de su propio potencial. El doctor Allan Fromme tuvo una ocurrencia: «Las personas generalmente logran más colaborando con los demás que trabajando en su contra». ¡Qué subestimación! Se requiere de un equipo para hacer algo de valor trascendental. Además, incluso la persona más introvertida del mundo puede aprender a gozar de las ventajas de ser parte de uno. (Esto es verdad, incluso si alguien no está intentando lograr algo grandioso.)

Hace algunos años, mi amigo Chuck Swindoll escribió un artículo en *El toque final* que resume la importancia del trabajo en equipo. Él dijo:

Nadie es un equipo completo… Nos necesitamos. Usted necesita a alguien y alguien lo necesita a usted. No somos islas. Para hacer que esto llamado vida funcione, debemos apoyarnos y respaldarnos. Relacionarnos e involucrarnos. Dar y aceptar. Confesar y perdonar. Extendernos, incluir y confiar… Puesto que ninguno de nosotros es un pez gordo completo, independiente, autosuficiente, supercapaz, todopoderoso, dejemos de actuar como si lo fuéramos. La vida ya es bastante solitaria, sin jugar ese tonto papel. La actuación se terminó. Conectémonos.

Para la persona que intenta hacerlo todo sola, el juego realmente se acabó. Si realmente quiere hacer algo de valor, debe conectarse a otros. *Uno es demasiado pequeño como para pretender hacer grandes cosas.* Esa es la Ley de lo trascendental.

¿CUÁL ES EL IMPACTO DE UN BUEN TRABAJO EN EQUIPO?

Existen cosas que sólo un equipo puede alcanzar.

Recientemente tuve la oportunidad de viajar con la fábrica de portaaviones *USS Enterprise*. La experiencia fue fantástica, pero el momento que más recuerdo fue la noche cuando estaba sentado con el almirante de popa Raymond Spicer, comandante del grupo de ataque del portaaviones de la empresa, viendo despegar y aterrizar los jets F/A-18 Hornet. ¡Qué vista más asombrosa!

Era hermosa la manera en que los jets despegaban y aterrizaban en la cubierta, para detenerse en sólo dos segundos. Pero lo que más me impresionó fue la cantidad de gente que parecía participar en el proceso y el trabajo de equipo que demandaba. Cuando le pregunté al almirante Spicer al respecto, me puso en contacto con el teniente comandante Ryan Smith, oficial de división V2, quien me explicó el proceso:

El piloto se sienta frente a los controles del Hornet F/A-

18 en tanto que el jet acelera de cero hasta casi 160 millas (256 kilómetros) por hora, en menos de 3 segundos. Mientras la nave asciende y se aleja del portaaviones, guarda el tren de aterrizaje y, de repente, se encuentra solo en la oscuridad de la noche. Hay muy pocos ejemplos de combates solitarios en esta era actual de guerras modernas interconectadas, pero el aviador que se sienta en la cabina de mando de uno de los aviones de caza de la Marina de hoy todavía parece ser un ejemplo en el cual la realización de un objetivo determinado depende totalmente del talento, la capacidad y el esfuerzo de un individuo en particular, altamente entrenado. Sin embargo, el singular acto de catapultar un jet desde el final de uno de esos portaaviones, es resultado de una orquestación compleja de decenas de individuos, cada uno con una maestría en su tarea específica. Es el esfuerzo y la coordinación de esos individuos —que en su mayoría son recién graduados—, lo que sirve como ejemplo verdadero e inspirador del trabajo en equipo.[1]

Entonces continuó explicando el proceso. Horas antes de que el jet se deslice por la pista hasta la catapulta para el lanzamiento, es examinado por un equipo de mecánicos y técnicos. Mientras que el piloto está recibiendo un reporte de la misión, incluyendo el informe climático, los datos del blanco, los procedimientos de radio y la información de navegación (todos producidos por un conjunto de marineros), el avión está pasando por un período riguroso de preparación. La rutina previa al vuelo termina sólo cuando el piloto ha examinado el informe del mantenimiento de la aeronave e inspeccionado el aparato para el vuelo.

Treinta minutos antes del despegue, comienza una secuencia específica de pasos que siempre se realizan con precisión. El jefe del aire del portaaviones ordena el encendido de la turbina, probando para asegurarse que los jets están funcionando correctamente, mientras que el piloto examina nuevamente los informes previos al posicionamiento de la aeronave. El capitán de flota escucha los motores y observa el movimiento de cada maniobra de control mientras el piloto hace sus chequeos. Una vez que se determina que todo está en orden, se llena el tanque de combustible.

Mientras tanto, el oficial de conducción aérea, que está sentado en la cubierta de control, utilizando un tablero con un modelo de la pista y la flota del portaaviones, repasa el plan de secuencia de lanzamiento con el conductor de cubierta. El oficial de conducción aérea llama al conductor de cubierta, avisándole qué aviones están listos para partir.

El conductor de cubierta dirige tres equipos separados de directores de aviones y de otros marineros de la «División de vuelo de cubierta» del portaaviones, y cada grupo es responsable de cada área de la cubierta de vuelo. Esos equipos se aseguran de que cada avión despegue sin ningún tipo de anclaje, de dirigirlo a través de otros aviones estacionados (a menudo con apenas pocos centímetros de precisión), y ponerlo en la línea para ser lanzado, a veces deben hacerlo cuando la cubierta del portaaviones se balancea. Cuando el conductor obtiene la autorización, el avión va a una de las cuatro catapultas.

En la cubierta, los inspectores finales de mantenimiento caminan al lado del avión y examinan cada panel y componente mientras los miembros del equipo de la «División de engranaje de amarre y catapulta» enganchan la aeronave al mecanismo de la catapulta y lo alistan para el lanzamiento. Debajo de la cubierta, otros grupos utilizan la hidráulica y otros instrumentos para controlar el vapor del reactor nuclear que será utilizado para accionar la catapulta.

En ese momento, el personal de artillería carga las armas de la aeronave. El oficial de la catapulta confirma con el piloto el peso del avión. Él también se ocupa de observar el viento que corre sobre la cubierta y las condiciones climáticas. Realiza cálculos para determinar la cantidad exacta de energía requerida para alzar vuelo.

Incluso con toda esa preparación, ningún jet podría despegar si no estuviera en la posición correcta. El equipo de navegación del portaaviones, que es el que realiza los cálculos para determinar la velocidad y el rumbo, retransmite la información al puente; es entonces cuando la aeronave ha completado su rotación para acelerar a la velocidad apropiada en el rumbo correcto. La aeronave está casi lista para el despegue.

El avión es tensado hidráulicamente en la catapulta. Este es el momento cuando el piloto enciende las turbinas de la aeronave a máxima potencia y revisa que los controles de la aeronave funcionen bien. Si el piloto determina que el avión está listo para el lanzamiento, hace una señal al oficial de catapulta con un saludo. Si el oficial de catapulta también recibe la señal del inspector final de la escuadrilla, entonces dará la contraseña de despegue al operador de catapulta a fin de que presione el botón para enviar al avión a su destino.

Lo asombroso de esto es que seguido de esta aeronave se pueden catapultar tres aviones más en menos de un minuto, cada uno habiendo pasado por el mismo procedimiento. Y en apenas cuestión de minutos, la misma cubierta de vuelo puede prepararse para recibir los aviones que aterrizan; mientras uno se está aproximando para el aterrizaje, el que aterrizó previamente es remolcado fuera de esa área.

Verdades acerca del trabajo en equipo

Puedo pensar en pocas cosas que requieran de tan alto grado de precisión en el trabajo de equipo, y con tanta cantidad de grupos diferentes de gente, como el lanzamiento de una aeronave de un portaaviones. Es fácil ver que el trabajo conjunto es esencial para esa tarea. Sin embargo, una tarea no tiene que ser compleja para requerir del trabajo en equipo. En el 2001, escribí *Las 17 leyes incuestionables del trabajo en equipo*, la primera ley que incluí fue la de lo trascendental, que dice: «*Uno es demasiado pequeño como para pretender hacer grandes cosas*». Si desea hacer algo de valor, es necesario el trabajo colectivo.

El trabajo en equipo permite no solamente que la persona haga lo que no podría hacer de otra manera; sino que también tiene un efecto amplificador en todo lo que posee, incluyendo el talento. Si usted cree que una persona es obra de la mano de Dios (así lo creo), entonces un grupo de gente talentosa que trabaja unida con un mismo propósito es una obra de arte. Cualquiera que sea su visión o deseo, el trabajo grupal hace funcionar los sueños.

Trabajar en equipo junto a otras personas hacia una meta común, es una de las experiencias más gratificantes de la vida. He conducido y he sido parte de diversas clases de equipos: equipos deportivos, equipos de trabajo, equipos de negocio, equipos de ministerio, equipos de comunicación, coros, bandas, comités, concejos directivos, en todo lo que se pueda imaginar. He observado equipos de todo tipo en mis recorridos alrededor del mundo, y he hablado con líderes, con equipos en desarrollo, he dado asesoría a directores técnicos, y he enseñando y escrito acerca del trabajo en equipo. Todo eso ha influenciado mi manera de pensar en cuanto a trabajo conjunto se refiere. Lo que he aprendido quiero dárselo a conocer a usted:

I. EL TRABAJO EN EQUIPO DIVIDE EL ESFUERZO Y MULTIPLICA LOS RESULTADOS

¿Le gustaría tener mejores resultados con menos trabajo? Creo que todos lo quieren. Eso es lo que proporciona el trabajo en equipo. En su libro *El liderazgo de Jesús,* C. Gene Wilkes describe por qué el trabajo colectivo es superior al esfuerzo individual:

- Los equipos involucran a más personas, de esa manera producen más recursos, ideas y habilidades que las que un individuo posee.

- Los equipos maximizan el potencial del líder y reducen al mínimo sus debilidades. Las fuerzas y las debilidades se exponen más en los individuos solitarios.

- Los equipos proporcionan múltiples perspectivas acerca de cómo resolver una necesidad o alcanzar una meta, mientras idean varias alternativas para cada situación. El enfoque individual es raramente tan amplio y profundo como el de un equipo cuando se enfrenta a un problema.

- Los equipos comparten el mérito de las victorias y las culpas cuando se comenten errores. Eso fomenta la humildad genuina y la comunidad auténtica. Los individuos solitarios asumen sus éxitos y fallas solos, lo que fomenta el orgullo y —a veces— un sentimiento de fracaso.

- Los equipos mantienen al líder enfocado en la meta. Los individuos que no tienen conexión con otras personas pueden cambiar las metas sin rendir cuentas a nadie.
- Los equipos pueden hacer simplemente más que un individuo.

Es sentido común el hecho de que un equipo puede lograr más que un individuo que trabaja solo. Entonces, ¿por qué existen personas que son reacias al trabajo en equipo? Puede ser difícil al principio. Los equipos no se desarrollan solos ni por sí mismos. Requieren de dirección y cooperación. Aunque esto pudiera significar más trabajo al inicio, los dividendos de la paga son enormes posteriormente y hacen que el esfuerzo realmente valga la pena.

2. El talento gana partidos, pero el trabajo en equipo gana campeonatos

Un cartel que figura en los vestidores del equipo de los Patriotas de Nueva Inglaterra afirma: «Son individuos los que juegan los partidos, pero son equipos los que ganan los campeonatos». Obviamente los Patriotas comprenden esto. Durante un período de cuatro años ganaron tres veces el Super Bowl (o juego de las estrellas del fútbol americano).

Los equipos que ganan campeonatos en varias ocasiones son modelos del trabajo conjunto. Por más de dos décadas, los Celtics de Boston dominaron la Asociación Nacional de Baloncesto (NBA, por sus siglas en inglés). Este equipo ha ganado más campeonatos que cualquier otro en la historia de la NBA; y, durante los años cincuenta y sesenta, ganaron ocho campeonatos seguidos. En pleno apogeo, los Celtics nunca tuvieron un jugador que fuera líder de anotaciones en la liga. Red Auerbach, que entrenó a los Celtics y después fue parte de su equipo directivo, siempre enfatizó el trabajo conjunto. Acertó cuando dijo: «Una persona que busca gloria no puede alcanzar demasiado; todo lo que hicimos es el resultado de personas que trabajaron juntas para alcanzar una meta común».

Es fácil ver los frutos del trabajo en equipo en los deportes. Sin embargo, es tan importante aquí como para los negocios. Harold S. Geneen, que fuera director, presidente y ejecutivo principal de International Telephone & Telegraph (ITT, por sus siglas en inglés) por veinte años, observó: «La esencia del liderazgo consiste en la habilidad para inspirar a otros a trabajar en equipo, para extenderse en un objetivo en común». Si usted quiere desempeñarse al nivel más alto posible, necesita ser parte de un equipo.

3. EL TRABAJO EN EQUIPO NO SE TRATA DE USTED

La Escuela de Negocios de Harvard reconoce al equipo como un número pequeño de personas con habilidades complementarias que se comprometen para alcanzar un propósito común, con metas de desempeño y enfoque, para lo cual mantienen recíprocamente la actitud de rendir cuentas. Hacer que esas personas trabajen unidas, puede significar a veces un desafío. Se requiere de un buen liderazgo. Mientras más talentosos sean los miembros del equipo, es más necesario un mejor liderazgo. El verdadero parámetro para medir el liderazgo en equipo no consiste en poner a la gente a trabajar. Tampoco es hacer que la gente trabaje más duro. ¡El verdadero parámetro para medir a un líder es hacer que las personas trabajen duro, pero en equipo!

He estudiado líderes de equipos y entrenadores técnicos excepcionales. Estas son algunas de sus opiniones respecto al trabajo en equipo:

PAUL «OSO» BRYANT, el legendario entrenador del equipo de fútbol americano de Alabama: «Para tener un ganador, el equipo debe tener un sentimiento de unidad. Todo jugador debe poner su equipo antes que la gloria personal».

BUD WILKINSON, autor de *The Book of Football Wisdom* [El libro de la sabiduría del fútbol]: «Si un equipo es rico en potencial, cada jugador debe estar dispuesto a subordinar sus metas particulares por el bien del equipo».

LOU HOLTZ, entrenador del equipo campeón nacional de fútbol: «La libertad para hacer tus propias cosas termina cuando tienes obligaciones y responsabilidades. Si quieres reprobarte, puedes hacerlo, pero no puedes hacer lo tuyo si tienes compromisos con los miembros del equipo».

MICHAEL JORDAN, el jugador más talentoso de baloncesto de todos los tiempos y ganador de seis campeonatos mundiales: «Existen varios equipos en cada deporte que tienen grandes jugadores y nunca ganan torneos. La mayor parte del tiempo, esos jugadores no están dispuestos a sacrificarse por el bienestar principal del equipo. Lo gracioso es que al final, su indisposición para sacrificarse sólo hace que sus metas personales sean más difíciles de alcanzar. De algo estoy seguro, si piensas y ganas como equipo, los elogios individuales se cuidarán por sí mismos. El talento gana los partidos, pero el trabajo en equipo y la inteligencia ganan los campeonatos».[2]

Todos los grandes equipos son resultado de los jugadores que toman decisiones basadas en lo que es mejor para el resto. Esto es verdad en los deportes, los negocios, el ejército y en las organizaciones de caridad. Y es una realidad a todos los niveles, desde la persona de apoyo de medio tiempo hasta el entrenador o presidente. Los mejores líderes también ponen a sus equipos primero. C. Gene Wilkes observa:

Los líderes de equipos creen genuinamente que no tienen todas las respuestas, por lo que no insisten en proveerlas. Creen que *no necesitan* tomar todas las decisiones clave, así que no lo hacen. Creen que *no pueden* tener éxito sin las combinaciones complementarias del resto de los miembros del equipo para un fin común, de modo que evitan cualquier tipo de acción que pueda provocar mensajes de imposición o intimidación a alguien del equipo. El ego *no es* su preocupación predominante.

Los equipos más talentosos suelen poseer jugadores con egos muy predominantes. Uno de los secretos para trabajar en equipos exitosos es convertir el ego propio en confianza en el equipo, sacrificio particular y sinergia. Pat Riley, entrenador campeón de la NBA dice: «El trabajo en equipo requiere que el esfuerzo de todos se impulse en una sola dirección. La sensación de trascendencia ocurre cuando la energía de un equipo cobra vida propia».

4. Los grandes equipos crean un sentimiento de comunidad

Todos los equipos eficaces crean un entorno en el que las relaciones maduran y los integrantes se conectan unos con otros. Una expresión popular para describir esto sería, crean un *sentimiento de comunidad*. Ese ambiente de comunidad se basa en la confianza. Poco se puede lograr sin ella.

En los buenos equipos, la confianza no es negociable. En los equipos ganadores, los jugadores se la brindan entre sí. Al principio, es probable que signifique un riesgo porque puede ser quebrantada y pueden salir lastimados. Al mismo tiempo que proporcionan la confianza libremente, se conducen de tal manera que se ganan la de los demás. Se aferran a principios más altos. Cuando todos dan libremente y se generan vínculos de confianza que se confirman a través del tiempo, los participantes comienzan a tenerla unos con otros. Empiezan a creer que el compañero que practican actuará con coherencia, cumplirá sus compromisos, guardará la confidencialidad y será de ayuda para otros. Cuanto más se fortalezca el sentimiento de comunidad, mayor será el potencial para trabajar juntos.

Desarrollar el sentimiento de comunidad en un equipo no significa que no se generen conflictos. Todos los equipos experimentan desacuerdos. Todas las relaciones tienen momentos tensos. Sin embargo, usted las puede solucionar. Mi amigo Bill Hybels, que dirige una congregación de más de veinte mil personas, reconoce lo siguiente:

El concepto popular de unidad es una fantasía en la que nunca ocurren desacuerdos y en la que las opiniones contrarias nunca se afirman con intensidad. En vez de unidad, utilizamos la palabra *comunidad.* Solemos decir: «No pretendamos que los desacuerdos nunca van a existir. Estamos tratando con la vida de dieciséis mil personas (en el momento en que dijo esto). Hay mucho en juego. No hagamos que oculten sus preocupaciones para proteger una noción falsa de unidad. Enfrentemos los desacuerdos y tratemos con ellos de la mejor manera».

Lo que distingue a una comunidad… no es la ausencia de conflictos, es la presencia de un espíritu de reconciliación. Puede que tengamos una acalorada y frustrante reunión de liderazgo con alguien, pero si estamos comprometidos con la comunidad, podemos despedirnos tranquilamente con una palmada en el hombro diciendo: «Me alegra que todavía estemos en el mismo equipo». Sabemos que nadie va a desistir sólo por una situación conflictiva.

Cuando un equipo comparte un fuerte sentimiento de comunidad, sus miembros pueden resolver conflictos sin disolver las relaciones.

5. Añadirle valor a los demás le añade valor a usted

«Mi esposo y yo tenemos un matrimonio muy feliz», se jactaba una mujer. «No hay nada que no haría por él, y no hay nada que él no haría por mí. Esa es la manera en que vivimos, ¡haciendo nada por el otro!» Ese tipo de actitud es un camino que lleva a cualquier equipo al desastre, incluyendo a una pareja casada.

Muy a menudo las personas arman equipos por intereses personales. Necesitan actores de reparto para ser ellos la estrella. Pero esa actitud lastima al equipo. Cuando hasta la persona más talentosa tiene una mentalidad de servicio, pueden suceder cosas especiales. El ex jugador de la NBA, el gran Magic Johnson, parafraseó a John F. Kennedy cuando afirmó: «No preguntes que pueden hacer tus compañeros de equipo por ti. Pregúntate que puedes hacer tú por tus compañeros de equipo». Eso no fue sólo una simple frase para él. Durante el curso de su carrera con los Lakers de Los Ángeles, participó en todas las posiciones en los juegos olímpicos para ayudar a sus compañeros de equipo.

El presidente de Estados Unidos, Woodrow Wilson, declaró: «Usted no está aquí solamente para vivir. Está aquí para permitir que el mundo viva con mayor amplitud, con una visión más grande, con un mejor espíritu de esperanza y proeza. Está aquí para enriquecer al mundo y para empobrecerse usted mismo si se olvida del objetivo». Las personas que se aprovechan de otras, inevitablemente fracasan en los negocios y en las relaciones. Si desea tener éxito, viva por estas cuatro simples palabras: *añádale valor a otros*. Esta filosofía le llevará lejos.

¿CÓMO SÉ QUE MI EQUIPO PUEDE ALCANZAR EL SUEÑO?

A medida que el desafío crece, la necesidad del trabajo en equipo aumenta.

En 1935, con sólo veintiún años de edad, Tenzing Norgay hizo su primera expedición al Monte Everest. Trabajó como maletero para un equipo de alpinistas británicos. Como *sherpa* [guía] nacido en las altitudes de Nepal, Tenzing se sintió atraído a las montañas desde la época en que los extranjeros occidentales comenzaron a visitar el área con la idea de escalar la cima del monte. El primer equipo llegó en 1920. Quince años después, los alpinistas todavía intentaban resolver cómo conquistar la montaña.

Lo más lejos que llegó esa expedición fue hasta North Col, lo cual estaba a una altitud de más de siete mil metros. («Col» es un área plana a lo largo del borde de una montaña entre los picos.) Fue justo debajo de ese sitio que el equipo de alpinismo hizo un descubrimiento horroroso. Se toparon con una carpa destrozada por el viento, dentro de ella había un esqueleto con una fina capa de piel estirada sobre los huesos. Estaba sentado en una posición extraña, sin una bota y el cordón de la otra entre los huesudos dedos.

EL LUGAR MÁS RIGUROSO DEL PLANETA

El alpinismo no es para personas que carecen de valentía ya que los picos más altos del mundo son unos de los lugares más inhóspitos de la tierra. Por supuesto, eso no impide que las personas deseen conquistarlos. El Everest es la montaña más alta del mundo, con una altitud de ocho mil ochocientos cuarenta y ocho metros sobre el nivel del mar. Su altitud incapacita a toda la gente, exceptuando a los alpinistas más robustos y experimentados; además, el clima es rigurosamente hostil. Los expertos creen que hasta hoy hay ciento veinte cadáveres de alpinistas que permanecen en esa montaña.[1]

El cuerpo que Tenzing y los que iban con él encontraron en 1935 fue el de Maurice Wilson, un inglés que se escabulló del Tíbet e intentó escalar la montaña en secreto, sin permiso del gobierno tibetano. Como intentaba hacer el ascenso de manera discreta, empleó solamente a tres maleteros para que subieran con él. Cuando se acercaban a North Col, los hombres se negaron a acompañarlo. Wilson decidió intentar escalar por sí solo. Esa decisión le costó la vida.

Mida el costo

Solamente alguien que haya escalado una montaña formidable sabe lo que cuesta llegar a la cima. Por treinta y dos años, entre 1920 y 1952, siete expediciones mayores intentaron llegar a la cima del Everest y fracasaron. Un alpinista con experiencia, Tenzing Norgay, estuvo en seis de ellas. Sus compañeros alpinistas bromeaban respecto a que él tenía un tercer pulmón debido a su capacidad de subir incansablemente mientras llevaba cargas pesadas.

No es un paseo casual

En 1953, Tenzing se enroló en su séptima expedición al Everest con un equipo británico, dirigido por el coronel John Hunt. Para ese momento, ya era respetado no sólo por ser un maletero que podía cargar bultos pesados a altitudes elevadas, sino también como alpinista y miembro confiable de la expedición, un honor inusual para un *sherpa* de aquellos tiempos. El año anterior había escalado a una altura de ocho mil seiscientos diez metros con un equipo suizo. Hasta ese momento, eso era lo más cercano que un humano había llegado a la cima de la montaña.

Tenzing también fue contratado como *sirdar* del viaje del grupo británico, es decir, el líder *sherpa* que se encargaría de contratar, organizar y dirigir a los maleteros en el viaje. Esa no era una tarea pequeña. Con la esperanza de conseguir al menos dos personas que fueran desde el campamento base hasta la cumbre, el equipo trajo a diez alpinistas de alturas elevadas, incluyendo a un neozelandés llamado Edmund Hillary. Todos juntos requerían dos *toneladas* y media de equipamiento y comida. Esas provisiones no podían ser remolcadas ni trasladadas en avión hacia la base de la montaña. Tuvieron que ser entregadas en Katmandú y ser *cargadas* en las espaldas de hombres y mujeres por doscientos noventa kilómetros cuesta arriba y pendiente abajo, por las crestas del Himalaya, y a través de ríos, cruzando por estrechos puentes de cuerdas y tablones hasta llegar al campamento base. Tenzing tendría que emplear entre doscientas y trescientas personas solamente para lograr llevar los suministros a las cercanías de la montaña. Los suministros que iba a necesitar el equipo que subiría más allá del campamento base, tendrían que ser llevados a la montaña por otros cuarenta *sherpas*, cada uno con amplia experiencia en montañas.

SE REQUIERE DE UN EQUIPO

Por cada nivel que alcanzaban los escaladores, se requería un mayor grado de trabajo en equipo. Un conjunto de hombres se agotaría sólo por cargar las provisiones hasta la montaña para el siguiente grupo. Equipos de dos hombres buscarían su rumbo ascendente por la montaña, encontrando caminos, cortando escalones, asegurando cuerdas. Para entonces habrían terminado, habiéndose agotado por hacer la siguiente etapa del ascenso posible para otro equipo. Tenzing hizo una observación al grupo involucrado:

Uno no escala una montaña como el Everest corriendo para llegar antes que los demás o compitiendo con sus compañeros. Se debe hacer lenta y cuidadosamente, a través de un trabajo en equipo desinteresado. Por supuesto que yo también quería alcanzar la cima; fue lo que soñé toda mi vida. Pero si le tocara a otro la suerte, lo tomaría como un hombre y no como un bebé llorón. Ese es el método de la montaña.[2]

El grupo de alpinistas, utilizando el «método de la montaña», finalmente posibilitó que dos parejas hicieran el intento de llegar a la cima. La primera estaba formada por Tom Bourdillon y Charles Evans. Como lo intentaron y fracasaron, el otro equipo tuvo su oportunidad. Este estaba formado por Tenzing y Edmund Hillary. Tenzing escribió lo siguiente acerca de la primera pareja:

Estaban extenuados, enfermos por el agotamiento y, por supuesto, terriblemente frustrados por no haber podido llegar a la cima. De todas maneras… hicieron todo lo que pudieron para aconsejarnos y ayudarnos. Y pensé: «Sí, así es como debe ser en la montaña. De esta manera es como la montaña hace grandes a los hombres porque, ¿dónde estaríamos Hillary y yo si no fuera por los demás? ¿Si no fuera por los alpinistas que hicieron el camino y los *sherpas* que cargaron el equipaje? Sólo fue por el trabajo y el sacrificio de todos ellos que nosotros íbamos a tener ahora una oportunidad para llegar a la cima».[3]

Así que aprovecharon al máximo la oportunidad que tuvieron. El 29 de mayo de 1953, Tenzing Norgay y Edmund Hillary lograron lo que ningún otro ser humano había conseguido hasta entonces: ¡Llegaron a la cima del Everest, la montaña más alta del mundo!

¿Podrían Tenzing y Hillary haberlo logrado solos? La respuesta es no. ¿Podrían haberlo hecho sin un gran equipo? Una vez más, la respuesta es no. ¿Por qué? Porque *a medida que el desafío crece, la necesidad del trabajo en equipo aumenta.* Esa es la Ley del Monte Everest.

¿Cuál es su Everest?

Es probable que no sea usted alpinista ni tenga ningún deseo de llegar a la cima del Everest pero, apuesto que tiene un sueño. Afirmo esto con seguridad porque en el fondo, todos tenemos uno, incluso las personas que todavía no han descubierto el suyo. Si tiene un sueño, necesita un equipo para alcanzarlo.

¿Cómo se enfrenta el desafío de armar un equipo para alcanzar su sueño? Creo que la manera para comenzar es haciéndose tres preguntas:

I. «¿CUÁL ES MI SUEÑO?»

Todo comienza con esta pregunta porque su respuesta revela *qué podría ser*. Robert Greenleaf afirmó: «Poco sucede sin un sueño. Para que algo muy grande suceda se necesita un gran sueño».

¿Qué guarda en su corazón? ¿Qué puede ver como una posibilidad para su vida? ¿Qué le gustaría lograr durante su vida en el planeta Tierra? Sólo un sueño le responderá estas preguntas. Tal como el poeta renacentista de Harlem, Langston Hughes, escribió:

> Aférrate rápidamente a los sueños, porque cuando mueren,
> La vida es un ave con alas quebradas que no puede volar.
> Aférrate rápidamente a los sueños, porque cuando se van,
> La vida es un campo estéril congelado y cubierto con nieve.

Si quieres hacer algo grande, debes tener un sueño. Pero el sueño no es suficiente. Puedes hacerlo realidad sólo si formas parte de un equipo.

2. «¿QUIÉN FORMA PARTE DE MI EQUIPO?»

Esta segunda pregunta le dice lo *que es*. Esto mide su situación actual. Su potencial es tan bueno como su equipo actual. Es por eso que debe examinar quién se unirá a usted en su viaje. Un alpinista como Maurice Wilson, que tuvo sólo tres compañeros poco entusiastas, nunca tuvo la oportunidad de alcanzar el sueño de escalar la montaña. Sin embargo, alguien como Tenzing Norgay, que siempre escalaba el Everest con los mejores alpinistas del mundo, pudo llegar a la cima. Un gran sueño con un mal equipo no es más que una pesadilla.

3. «¿CÓMO DEBERÍA SER EL EQUIPO DE MIS SUEÑOS?»

La verdad es que su equipo debe tener la talla de sus sueños. Si no es así, entonces nunca llegará. Usted no podrá llegar a lograr el sueño con una calificación de diez con un conjunto de calificación cuatro. Eso no sucede. Si desea escalar el Everest, necesita un equipo con las medidas de ese monte. No existe otra manera de hacerlo. Es mejor tener un gran equipo con un sueño débil que un gran sueño con un equipo débil.

ENFÓQUESE EN EL EQUIPO, NO EN EL SUEÑO

El error que he visto cometer repetidas veces a varias personas es que ponen demasiada atención en su sueño y muy poca en el equipo. La verdad es que si usted forja el equipo ideal, el sueño prácticamente se ocupará de sí mismo.

Todo sueño trae aparejado desafíos propios. El tipo de desafíos determina la clase del equipo que necesita establecer. Considere algunos ejemplos:

Clase de desafío	Clase de equipo que se requiere
Desafío nuevo	Equipo creativo
Desafío controversial	Equipo unido
Desafío cambiante	Equipo rápido y flexible
Desafío poco grato	Equipo motivado
Desafío diversificado	Equipo que se complementa
Desafío a largo plazo	Equipo decidido
Desafío tamaño Everest	Equipo con experiencia

Si desea alcanzar un sueño, me refiero realmente a realizarlo y no solamente imaginarse cómo sería, entonces cultive su equipo. Pero mientras lo hace, asegúrese de que sus motivaciones sean las correctas. Algunas personas reúnen su equipo sólo para obtener beneficios personales. Otros los forman porque disfrutan de la experiencia del equipo y porque desean crear un sentimiento de comunidad. Incluso, otros lo hacen porque desean establecer una organización. Lo gracioso con esas razones es que si usted está motivado por *todas* ellas, entonces su deseo de forjar un equipo proviene de querer añadirles valor a todos sus integrantes. Pero si su deseo de desarrollar un equipo proviene sólo como resultado de una de esas razones, entonces, tal vez deba examinar sus motivaciones.

Cómo cultivar un equipo

Cuando el equipo que tiene no está a la altura del de sus sueños, entonces tiene únicamente dos opciones: abandonar su sueño o desarrollar a su equipo. Esta es mi recomendación respecto a la segunda opción.

1. Desarrolle miembros del equipo

El primer paso a dar con un equipo que no desarrolla su potencial es ayudar individualmente a sus miembros a crecer. Si usted lidera el equipo, una de sus responsabilidades más importantes es vislumbrar el potencial que las personas no pueden ver en sí mismas y sacarlo. Cuando logre eso, estará cumpliendo su tarea como líder.

Piense en las personas de su equipo y determine qué necesitan, basado en las siguientes categorías:

- Principiante entusiasta – Necesita dirección
- Aprendiz desilusionado – Necesita entrenamiento
- Integrante cauteloso – Necesita apoyo
- Triunfador autosuficiente – Necesita responsabilidad

Siempre otórgueles la oportunidad a las personas que ya están en su equipo de crecer y florecer. Eso es lo que el explorador inglés Eric Shipton hizo con un joven, un chico sin experiencia, llamado Tenzing en 1935, y su país fue premiado dieciocho años después con una exitosa escalada a la montaña más alta del mundo.

2. AGREGUE MIEMBROS CLAVE AL EQUIPO

Aunque le diera a cada persona de su equipo la oportunidad de aprender y crecer, y todos la aprovecharan al máximo, usted descubriría que todavía carece del talento que necesita para alcanzar su sueño. Este es el momento para reclutar ese talento. Algunas veces todo lo que el equipo necesita es una persona clave con capacidades específicas en un área para hacer distinguir entre el éxito y el fracaso.

3. CAMBIE EL LIDERAZGO

Diversos desafíos requieren de diferentes tipos de liderazgo. Si un equipo tiene el talento adecuado pero aun así no está creciendo, lo mejor que puede hacer es pedirle a un integrante del grupo —que previamente fuera una persona obediente— que asuma un papel dentro del liderazgo. Esa transición puede darse sólo por períodos breves o puede ser permanente.

El desafío del momento suele determinar el líder adecuado. ¿Por qué? Porque todas las personas en los equipos tienen fortalezas y debilidades que se manifiestan. Ese fue el caso del equipo del Everest cuando enfrentaban cada situación en el transcurso de su viaje. El coronel Hunt eligió a los alpinistas y dirigió la expedición captando la visión, fomentando el servicio desinteresado y tomando decisiones críticas acerca de quién ocuparía tal o cual lugar. Tenzing eligió a los maleteros, los lideró, los organizó y los motivó a que levantaran campamentos en cada etapa de la montaña. Y los equipos de alpinistas se turnaban para dirigir, abriendo camino hacia el ascenso para que Hillary y Tenzing hicieran la escalada final hacia la cima. Cuando aparecía una dificultad en particular, también surgía el líder para enfrentarla; todos trabajaban juntos, haciendo su parte.

Si su equipo está afrontando un gran desafío y ve que no hay resultados que le lleven en dirección a «la cima de la montaña», quizás sea el momento de cambiar a los líderes. Quizás haya alguien con mayor capacidad para liderar durante este período.

4. SAQUE A LOS MIEMBROS INEFICIENTES

A veces, un miembro puede convertir al equipo ganador en perdedor, tanto por la falta de capacidad como por una actitud pobre. En ese caso usted debe poner primero al grupo y hacer cambios por el bienestar común.

Tenzing enfrentó esa situación durante la expedición al Everest en 1953. Durante los primeros días, se manifestaban continuamente riñas entre los maleteros y el equipo de alpinistas británico, y como *sirdar*, Tenzing estaba en medio de los dos lados, tratando constantemente de hacer que las cosas funcionaran entre ellos. Después de negociar la paz repetidas veces entre los dos bandos, Tenzing descubrió que la raíz del problema eran dos *sherpas* que provocaban disensión. Así que los despidió de inmediato y los mandó a su casa. La paz rápidamente se restableció. Si su equipo experimenta disensiones repetidas veces o no alcanzan las metas, probablemente necesitará hacerle cambios.

Desarrollar un equipo requiere tiempo y esfuerzo. Pero si quiere alcanzar su sueño, no tiene opción. Cuanto más grande sea el sueño, mayor deberá ser el grupo. *A medida que el desafío crece, la necesidad del trabajo en equipo aumenta.* Esa es la Ley del Monte Everest.

4

¿CÓMO DESARROLLO UN
EQUIPO QUE PERDURE?

Cree un medio ambiente que promueva nuevos líderes.

Si es el líder en su organización, me gustaría dedicarme a usted en esta sección particular. Muchos están altamente frustrados en sus organizaciones. Tienen un gran deseo de liderar y tener éxito; sin embargo, muchas veces sus líderes son más estorbo que ayuda para ellos. Más de dos tercios de la gente que deja sus trabajos lo hace a causa de un líder que es ineficiente o incompetente. La gente no deja la empresa, deja al líder.

Como líder, usted tiene el poder que nadie más posee para crear una cultura de liderazgo positiva en la que los líderes potenciales afloren. Si crea ese medio ambiente, entonces las personas con potencial de líder aprenderán, ganarán experiencia y alcanzarán su mejor momento. Llegarán a ser la clase de líderes de equipo que engrandecerán a una organización.

Si está dispuesto a trabajar para hacer que su organización sea un lugar en el que los líderes dirijan y lo hagan bien, deberá cambiar su enfoque de:

Liderar a las personas y la organización, a…

Liderar a las personas, encontrar los líderes y dirigir la organización, a…

Liderar a las personas, desarrollar a los líderes y dirigir la organización, a…

Liderar y otorgar poderes a los líderes mientras ellos dirigen la organización, a…

Servir a los líderes mientras ellos dirigen la organización.

Ese proceso puede tomar varios años dependiendo de su experiencia, incluso puede llegar a ser una escalada difícil. Pero piense en los beneficios. ¿Dónde estará su organización en cinco años si usted no levanta líderes en un medio ambiente que promueva líderes de equipo?

Las doce diarias del líder

Si está listo para revolucionar su organización, quisiera desafiarlo a que comience el proceso adoptando lo que llamo «Las doce diarias del líder». Todas las mañanas cuando se levante y se prepare para dirigir su organización, comprométase con estas doce actividades:

1. Otórguele un valor alto a las personas

El primer cambio para transformar su organización en

un medio ambiente de liderazgo amigable, debe suceder dentro de usted mismo. Usted sólo se compromete con aquellas cosas que valora; por lo que en esencia, si no valora a las personas nunca fomentará una cultura que desarrolle líderes.

La mayoría de los líderes se enfocan en dos cosas: la visión y la rentabilidad. La visión casi siempre es lo que más nos entusiasma; atender la rentabilidad es lo que nos mantiene en perspectiva. Sin embargo, en medio de la visión y la rentabilidad se encuentran las personas de su organización. Lo irónico es que si ignora a las personas y sólo presta atención a las otras dos cosas, perderá a las personas y por ende la visión (y probablemente la rentabilidad). Pero si se enfoca en la gente, tiene el potencial de ganar a las personas, la visión y la rentabilidad.

Cuando Jim Collins estudió a grandes compañías, descubriendo y definiendo lo que llamó líderes de nivel cinco, notó que esos excelentes líderes no se atribuyeron el mérito por los logros de su organización. Es más, eran asombrosamente humildes y atribuían el mérito a su gente. Sin duda, los líderes de nivel cinco les otorgan un alto valor a las personas.

Muchas empresas dicen que valoran a sus empleados y sus clientes. Eso luce muy bien, pero lo que dicen es mera palabrería. Si desea saber si ese principio se transmite en su empresa, hable con personas que conozcan bien a la organización pero que no trabajen en ella. ¿Qué dirían? Posiblemente sus respuestas sean las más precisas para darle un cuadro general.

De todas maneras, en el fondo, usted lo sabe mejor que nadie. Todo comienza en usted. Debe hacerse esta pregunta: *¿Le otorgo un alto valor a las personas?*

2. Destine recursos para el desarrollo de la gente

En cierta ocasión, cuando volaba a Dallas con Zig Ziglar, me preguntó si alguna vez había recibido cartas de agradecimiento de parte de las personas. Cuando reconocí que sí, me preguntó: «Cuando recibe esas cartas, ¿por qué cosas le agradecen?» Nunca me había dado cuenta de eso, pero la respuesta era evidente. Casi siempre las personas me agradecían por algún libro que escribí o por algún material que produje.

«A mí me agradecen por lo mismo», dijo Zig. «¿Acaso no es interesante? Usted y yo somos conocidos por nuestros discursos, pero no es eso lo que impulsa a la gente a escribirnos».

He dado muchos discursos durante los últimos treinta y cinco años. Disfruto hacerlo y creo que vale la pena. Los eventos son buenos para generar motivación y entusiasmo, pero si desea promover el crecimiento, necesita recursos. Son mejores para el desarrollo porque están orientados al proceso. Los puede llevar consigo. Se puede referir nuevamente a ellos. Usted puede enfocarse en lo importante y descartar lo insignificante, puede ir a su propio paso.

Una vez cuando estaba enseñando en una gran corporación, uno de los promotores del evento dijo desde la plataforma que la gente era el capital más valioso de la organización. Aplaudí en honor a su sentimiento, pero también lo desarrollé más allá para los líderes que estaban en la sala. Su afirmación es verdad sólo si usted desarrolla a esas personas.

Requiere mucho trabajo desarrollar líderes. La primera pregunta que un líder suele hacer es: «¿Cuánto me va a costar?» Mi respuesta es: «Cualquiera que sea el precio que cueste, nunca será tan alto como no desarrollar a su gente».

Una vez más, tengo una interrogación para usted. Pregúntese: *¿Estoy comprometido a proveer recursos para el desarrollo del liderazgo?*

3. OTÓRGUELE UN ALTO VALOR AL LIDERAZGO

La gente que dirige negocios de una sola persona no tendrá que preocuparse por el liderazgo pero, para las personas que lideran organizaciones, ese siempre es un tema importante. Siempre que usted tenga dos o más personas que trabajen juntas, entra en juego el liderazgo. En algunas organizaciones, todo el énfasis se enfoca en el esfuerzo, por lo que el liderazgo ni siquiera forma parte de las prioridades de una persona. Qué error.

Los buenos líderes reconocen la importancia del liderazgo y le otorgan un alto valor. Me encanta lo que el general Tommy Franks dijo respecto a los líderes supremos en los mandos intermedios del ejército, los sargentos:

Los meses en el desierto reforzaron mi firme convicción respecto a que los sargentos son el respaldo del ejército. El soldado de caballería promedio depende de los suboficiales, de que le muestren liderazgo mediante su ejemplo personal. Pensé en Sam Long y Scag, y en el sargento de personal Kittle, quienes fueron ejemplos de lo que un sargento debe ser. Si un suboficial se dedica a sus tropas, el escuadrón o sección tendrán un entrenamiento eficaz y riguroso, comida caliente cuando sea posible, y la posibilidad de darse una ducha ocasional. Si un sargento es indiferente a las necesidades de sus soldados, su actuación será de bajo nivel, y su tiempo invertido será en vano. Un oficial inteligente trabaja duro para desarrollar buenos suboficiales.[1]

El ejército estadounidense comprende el valor del liderazgo y siempre le otorga un alto valor. Si valora el liderazgo, los líderes se levantarán para añadirle valor a la organización.

Esta vez la pregunta que debe hacerse es muy simple: *¿Le otorgo un alto valor al liderazgo en mi organización?*

4. BUSQUE LÍDERES POTENCIALES

Si el liderazgo forma parte de su visión y lo valora, siempre estará en la búsqueda de líderes potenciales. Algunos años atrás dicté una clase para uno de mis clubes de audio acerca del desarrollo del liderazgo en la que enseñaba a los líderes a saber qué buscar en los dirigentes potenciales. Se llamaba «Buscando águilas» y por varios años fue la lección más solicitada. Estas son las diez características más destacadas de las «águilas»:

- Hacen que las cosas sucedan.
- Ven las oportunidades.
- Influyen en las opiniones y hábitos de los demás.
- Le añaden valor a usted.
- Atraen ganadores hacia sí.
- Capacitan a otras águilas para liderar.
- Proveen ideas que ayudan a la organización.
- Poseen una gran actitud poco común.
- Cumplen con su palabra.
- Muestran una fuerte lealtad a la organización y al líder.

En el momento que comience a buscar líderes potenciales, busque personas que posean estas cualidades. Por el momento, pregúntese: *¿Estoy buscando continuamente líderes potenciales?*

5. Conozca y respete a su gente

Cuando usted comienza a encontrar líderes y a desarrollarlos, también empezará a conocerlos mejor como individuos. Pero también existen otras características comunes en todos los líderes que debería tener en cuenta durante el período en que los acompañe por el proceso de desarrollo:

- Las personas quieren ver resultados.
- Las personas quieren ser efectivas, quieren hacer lo que saben hacer y hacerlo bien.

- Las personas quieren estar en el cuadro.
- Las personas quieren ser apreciadas.
- Las personas quieren formar parte de la celebración.

Conforme selecciona a la gente que va a desarrollar, trabaje para establecer un equilibrio entre estos deseos universales y las necesidades individuales de su personal. Intente adaptar el proceso de desarrollo para cada individuo lo más que pueda. Para hacer eso, pregúntese continuamente: *¿Conozco y respeto a mi gente?*

6. Provea a su personal con experiencias de liderazgo

Es imposible aprender acerca del liderazgo si no se lidera. Después de todo, el liderazgo es acción. Uno de los puntos en los que muchos líderes pierden oportunidades para desarrollarse es en el aspecto de delegar. Nuestra tendencia natural es darles a otras personas tareas a realizar en vez de funciones de liderazgo que cumplir. Necesitamos hacer un cambio. Si no delegamos el liderazgo, tanto con autoridad como con responsabilidad, nuestro personal nunca ganará la experiencia que necesita para liderar bien.

La pregunta que debe hacerse es: *¿Estoy proveyendo a mi personal con experiencias de liderazgo?*

7. Recompense las iniciativas de liderazgo

Tomar la iniciativa es una parte muy importante del liderazgo. Los mejores líderes actúan porque la tienen y hacen que las cosas sucedan. La mayoría de los líderes son iniciadores, pero eso no significa que todos estén contentos con la idea de que otros se aprovechen de sus iniciativas. Sólo porque confían en sus propios instintos no significa que confíen en los instintos de su personal.

Es verdad que los líderes emergentes tienen el deseo de liderar antes de estar listos para esa tarea. Pero los líderes potenciales sólo pueden llegar a ser líderes hechos y derechos si se les permite desarrollar y utilizar su iniciativa. Así que, ¿cuál es la solución? ¡El momento oportuno! Si apresura el momento, provoca un cortocircuito en el proceso de crecimiento. Si retiene a los líderes que están listos para moverse, estanca su crecimiento.

Una de las cosas que pueden ayudarle con el asunto del momento oportuno es reconocer si su mentalidad se basa en la escasez o en la abundancia. Si cree que el mundo tiene solamente una cantidad limitada de recursos, un número pequeño de oportunidades y así sucesivamente, entonces puede que sea reticente con la idea de que sus líderes corran riesgos, porque piensa que la organización no podrá recuperarse de sus errores. Por otro lado, si cree que las oportunidades son ilimitadas, que los recursos son renovables e ilimitados, tendrá mayor apertura a asumir riesgos. No dudará de su capacidad para reponerse.

¿Cómo está en esta área? Pregúntese: *¿Premio las iniciativas de liderazgo?*

8. Provea un medio ambiente seguro en donde las personas hagan preguntas, compartan sus ideas y asuman riesgos

El ganador del premio Pulitzer, el historiador Garry Wills dijo: «Los líderes tienen voz y voto para dirigir a los demás en la dirección marcada. Un líder que es negligente con ello, pronto se encuentra sin seguidores».

Se requiere de líderes seguros en la cúspide que permitan a los líderes intermedios que trabajan para ellos ser participantes comprometidos en el proceso de liderazgo de la organización. Si los líderes de nivel medio los cuestionan, no lo tomarán como algo personal. Cuando les digan sus ideas, los líderes en la cima no pueden permitirse sentirse amenazados. Cuando las personas que están en niveles más bajos en la organización quieren arriesgarse, necesitan que los líderes superiores estén dispuestos a brindarles el espacio para que triunfen o fracasen.

Por naturaleza el liderazgo busca afrontar desafíos. Desafía ideas que ya expiraron. Desafía antiguas maneras de hacer las cosas. Desafía al *status quo*. Nunca olvide que lo que se premia se termina. Si usted premia la autocomplacencia, obtendrá autocomplacencia de sus líderes en el nivel intermedio. Pero si puede permanecer firme y les permite encontrar nuevas maneras para hacer las cosas, maneras mejores que las suyas, la organización avanzará con mayor rapidez.

En vez de intentar ser el señor Sabelotodo o la señora Arréglalo, cuando sus líderes comiencen a avanzar solos, a alcanzar su mejor momento, muévase más hacia el fondo. Intente tomar el papel del consejero sabio y jefe encargado de animar. Déle la bienvenida al deseo de sus mejores líderes de innovar y perfeccionar a la organización. Después de todo, creo que está de acuerdo en que una victoria para la empresa es una victoria para usted.

Entonces, ¿qué papel está ejerciendo en su organización? ¿Es usted el «experto» o es más bien un consejero o defensor? Pregúntese: *¿Estoy proveyendo un medio ambiente donde las personas puedan hacer preguntas, compartir sus ideas y asumir riesgos?*

9. CREZCA CON SU GENTE

He hablado con varios líderes durante mi carrera y he podido detectar una serie de reacciones frente al crecimiento. Así es como las resumiría:

- Ya crecí.
- Yo deseo que mi gente crezca.
- Yo estoy dedicado a ayudar a que mi gente crezca.
- Quiero crecer junto a mi gente.

¿Adivine cuál de estas actitudes promueve a una organización en la que las personas crecen?

Cuando la gente de una organización ve crecer al líder se genera un cambio en la mentalidad de la estructura. Esto levanta al instante las barreras entre el líder y el resto de la gente, poniéndolo a usted al mismo nivel de ellos, lo cual hace al líder más humano y accesible. Esto también genera que todos reciban el mensaje: Hacer del crecimiento una prioridad.

Entonces, la pregunta que quiero que se haga es muy simple: *¿Estoy creciendo con mi gente?*

10. ATRAIGA A PERSONAS CON UN ALTO POTENCIAL DENTRO DE SU CÍRCULO ÍNTIMO.

Cuando Mark Sanborn, autor de *El factor Fred*, habló en una de nuestras actividades de liderazgo, hizo una afirmación que se me quedó grabada: «Es mejor tener un grupo de ciervos conducidos por un león que un grupo de leones conducidos por un ciervo». ¿Por qué? Porque si tuviera un grupo de ciervos que son conducidos por un león, su conducta reflejaría el orgullo de un león. ¿No es esta una gran analogía? Realmente es verdadera. Cuando las personas pasan tiempo con alguien y son dirigidas por ellos, aprenden a pensar de la manera que esa persona piensa y hacen lo que esa persona hace. Sus resultados comienzan a mejorar de acuerdo a las capacidades de su líder.

Cuando estaba trabajando en *Desarrolle los líderes que*

están alrededor de usted, de vez en cuando realizaba encuestas informales en las conferencias para descubrir cómo las personas llegaron a ser líderes. Les preguntaba si llegaron a ser líderes: (a) porque les fue dada la posición; (b) porque la organización tuvo una crisis; o (c) porque tuvieron un mentor. Más del ochenta por ciento indicaron que llegaron a ser líderes porque alguien los preparó en el liderazgo, los acompañaron durante el proceso.

La mejor manera que existe para desarrollar líderes de un alto calibre es a través de un líder de gran calibre que funja como su mentor. Si usted lidera su organización, probablemente sea el mejor (o por lo menos uno de los mejores) líderes en la organización. Si todavía no lo está haciendo, necesita escoger con cuidado a las personas con mayor potencial, integrarlos a su círculo íntimo y ser su mentor.

No importa si lo hace con uno o con una docena, si trabaja cara a cara con cada uno o al estilo grupal. Lo más importante es que debe estar dando lo mejor de sí a sus mejores individuos.

¿Esta usted haciéndolo? ¿Cuál es su respuesta a esta pregunta? *¿Estoy integrando gente con potencial en mi círculo íntimo?*

II. Comprométase a desarrollar un equipo de liderazgo

Cuando comencé como líder, intentaba hacer todo por

mí mismo. Hasta que alcancé la edad de los cuarenta, pensé que podía hacerlo todo. Después de cumplirlos me di cuenta finalmente de que si no desarrollaba otros líderes, mi potencial iba a ser sólo una fracción de lo que podría ser. Así que eso también tiene sus limitaciones. Ahora me doy cuenta de que para alcanzar el potencial más alto de liderazgo, debo desarrollar continuamente equipos de líderes.

Hay que admitirlo. Nadie hace todo bien. No puedo hacer todo, ¿puede usted? Escribí el libro *Las 21 leyes irrefutables del liderazgo,* el cual contiene todos los principios de liderazgo que conozco basado en toda una vida de aprendizaje y liderazgo. No puedo cumplir bien con todas las veintiuna leyes, necesito ayuda.

Usted también. Si desea que su organización alcance su potencial, si desea que pase de buena a excelente (o incluso de mediocre a buena), necesita desarrollar un equipo de líderes, personas que sean capaces de cubrir las carencias de los demás, personas que puedan desafiarse y espabilarse entre sí. Si intentamos hacerlo todo por nosotros mismos, nunca podremos ir más allá de los límites de nuestro liderazgo.

¿Cómo está en esa área? Pregúntese: *¿Estoy comprometido a desarrollar un equipo de liderazgo?*

12. Déles libertad a sus líderes para liderar

Si nosotros como líderes, sentimos incertidumbre e inseguridad respecto al proceso de desarrollo, por lo general no está relacionado al entrenamiento que damos. La incertidumbre se genera cuando contemplamos el hecho de soltar a nuestros líderes para que actúen. Es similar a lo que los padres sienten con sus hijos. Los míos ya son grandes y tienen sus propias familias pero, cuando eran adolescentes, lo más difícil para mi esposa y para mí era soltarlos para que eligieran su camino y tomaran sus propias decisiones. Eso puede darnos un poco de temor, pero si no les permite probar sus alas, nunca aprenderán a volar.

En la medida en que he ido envejeciendo, he llegado a verme como un abridor de párpados. Esa es mi función principal como líder de equipo. Si puedo abrir los párpados del liderazgo de mi grupo, entonces estoy cumpliendo con mi tarea. Cuantos más obstáculos les quite a mi gente, más oportunidades tendrán para elevarse hacia su potencial. Y lo que es realmente genial es cuando los líderes son abridores de párpados de los dirigentes que están en el nivel medio de una organización, por lo que esos líderes llegan a ser los que lleven las cargas de los que están por encima de ellos. Si usted se dedica a levantar y liberar líderes de equipo, su organización se transformará, de la misma manera que su vida.

PARTE II

LA DINÁMICA DEL TRABAJO EN EQUIPO

5

¿CUÁLES SON LAS CARACTERÍSTICAS
DE UN BUEN EQUIPO?

*Los integrantes de los equipos grandiosos
siempre están sintonizados.*

En todos mis años de desarrollar gente y equipos, he llegado a la conclusión de que todos los conjuntos exitosos poseen características similares. Si usted, como jugador, líder de equipo o entrenador, puede cultivar esas cualidades en su grupo de líderes, llegarán a ser un grupo cohesivo capaces de saltar por encima de altas estructuras o resolver cualquier tarea requerida. Estas son las características:

LOS MIEMBROS DE UN EQUIPO SE PREOCUPAN UNO POR EL OTRO

Todos los grandes equipos comienzan por esta cualidad. Es el fundamento sobre el que se construye todo. Los grupos que no pueden vincularse, no pueden edificar. ¿Por qué? Porque nunca llegan a ser una unidad cohesiva.

Una de las mejores descripciones que he escuchado

acerca de esta cualidad, la dio un entrenador de fútbol llamado Lou Holtz. Él decía que una vez vio un programa de televisión que investigaba por qué los hombres entregaban sus vidas por su país. En el programa, que se centraba en la Marina de Estados Unidos, la Legión Francesa Extranjera y los Comandos Británicos, era evidente que los hombres que morían por su país en realidad lo hacían por el amor que tenían por sus compañeros de batalla. En el programa entrevistaron a un soldado que fue herido en combate y se estaba recuperando en el hospital cuando escuchó que su unidad estaba regresando a una misión peligrosa. El soldado escapó del hospital y se fue con ellos, sólo para ser herido nuevamente. Cuando le preguntaron por qué lo hizo, dijo que después que uno trabaja y vive con ciertas personas, pronto descubre que su supervivencia depende del otro y viceversa. Para que un equipo pueda ser exitoso, los integrantes deben saber que cada uno se preocupará por el otro.

He descubierto que una de las mejores maneras para hacer que los miembros de un equipo se preocupen mutuamente es haciendo que salgan de su contexto de trabajo para que forjen relaciones. Todos los años planeamos retiros y otras actividades en nuestra organización que reúnen a los nuestros en un contexto social. Durante esos momentos, también nos aseguramos de que pasen tiempo con miembros del personal que no conozcan bien. De esa manera, no sólo están forjando relaciones, sino que se evita que desarrollen camarillas.

Los miembros del equipo saben lo que es importante

Una de las cosas que más disfruto con la experiencia de un equipo es ver el modo en que funciona como una simple unidad. Todas sus partes tienen una meta en común y un propósito. Esta cualidad es desarrollada asegurándose de que cada miembro sepa lo que es importante para el grupo. Esta cualidad, como la anterior, es fundamental para el desarrollo de un equipo. Sin esto sus miembros no pueden trabajar juntos verdaderamente.

En un deporte como el baloncesto, los jugadores de un conjunto saben que anotar es lo importante. Cuando un equipo es eficaz aumentando el marcador más que el oponente, gana. Como sus miembros saben eso, invierten tiempo mejorando y perfeccionando su habilidad para anotar. Ese es su objetivo. En contraste, en varios estilos de organizaciones, los miembros del equipo no saben qué significa «anotar». Puede que tengan una lista de tareas, pero no saben a dónde apuntan esas tareas para hacer una anotación. Sería el equivalente al jugador que sabe pararse, picar la pelota, hacer pases, pero que nunca supo que todas estas cosas sirven para hacer anotaciones.

Si solamente un jugador del equipo desconoce lo que es importante para su conjunto, lo hace ineficaz; de forma que cuando él está en el juego, es imposible que tengan éxito. Lo mismo sucede en cualquier organización. Cualquiera que no sepa lo que es importante para el grupo, no sólo falla en contribuir con él, sino que también *impide que el equipo alcance el éxito*. Es por eso que es tan importante para el líder del grupo identificar lo que es importante para este y comunicar esa información a sus miembros.

LOS MIEMBROS DEL EQUIPO SE COMUNICAN UNOS CON OTROS

La tercera cualidad fundamental de un equipo eficaz es la comunicación. Así como es primordial que el líder comunique lo que es importante para el equipo, cada miembro debe comunicarse uno con otro. Sin eso, los jugadores se ven sentenciados a trabajar en contra del otro. Puede que algunas tareas importantes se dejen sin hacer, y los miembros del equipo se encuentren duplicando tareas.

A cualquiera que jugó al baloncesto le es familiar la situación cuando dos jugadores saltan por el rebote y terminan forcejeando por la pelota, hasta que descubren que están en el mismo conjunto. En los equipos en los que los jugadores se comunican entre sí, un tercero gritará: «¡Es del mismo equipo!», para asegurarse de que no pierdan el balón cuando intenten quitárselo el uno al otro. De eso se trata la comunicación en el equipo: de permitirle al otro conocer lo que está sucediendo dentro para que el interés del conjunto sea protegido.

Lo mismo sucede en organizaciones que no son deportivas. Las líneas claras y formales de comunicación deben ser establecidas. Pero aun más importante, una atmósfera de comunicación positiva debe ser establecida y fomentada a diario. A las personas del equipo se les debe dar la posibilidad de sentir que están en un medio ambiente que es seguro para hacer sugerencias o críticas sin sentirse amenazadas, que pueden compartir información con libertad en un espíritu de cooperación, y discutir ideas sin ser criticados negativamente. La comunicación franca entre los compañeros de equipo incrementa la productividad.

LOS MIEMBROS DEL EQUIPO CRECEN JUNTOS

Una vez que los miembros del equipo se preocupen mutuamente, tengan una meta en común y se comuniquen el uno con el otro, están listos para comenzar a crecer. En una organización, orquestar el crecimiento es responsabilidad del líder. Debe asegurarse de que su gente crezca tanto en lo personal como en lo profesional. Debe asegurarse también de que su crecimiento ocurra con todos juntos, como equipo.

Cuando trabajo en el crecimiento de los miembros de mi equipo, utilizo diferentes enfoques. Primero, todos aprendemos juntos con normalidad, por lo menos una vez al mes. De esa manera, *sé* que existen algunas cosas que todos saben en la organización, y que comparten la experiencia en común de aprenderlas juntos, sin importar su posición o responsabilidad.

Segundo, organizo regularmente pequeños equipos de aprendizaje. Periódicamente tengo algunos de tres o cuatro personas que trabajan unidos en un proyecto que les exige aprender. Esto forja vínculos de relaciones fuertes entre esas personas. De paso, es una buena idea, variar los miembros de esos equipos para que otras personas puedan aprender a trabajar juntas. También le da una idea acerca de la química que pueda existir en los diferentes grupos durante su trabajo juntos.

Por último, envío frecuentemente diferentes personas a conferencias, grupos de trabajo y seminarios. Cuando vuelven, les pido que enseñen a las demás personas de la organización lo que aprendieron. Eso acostumbra a todos a aprender y enseñar uno al otro. Las experiencias compartidas y el intercambio de la comunicación, constituyen las mejores maneras para promover el crecimiento de un equipo.

Hay un ajuste de equipo

En la medida en que las personas que se preocupan mutuamente crecen juntas y trabajan para alcanzar una meta común, se conocen mejor. Comienzan a apreciar las fortalezas de cada uno y se percatan también de sus debilidades. Empiezan a reconocer y apreciar las cualidades únicas de cada jugador, lo cual lleva al desarrollo del «ajuste» de un equipo.

El tipo de ajuste que tenga un equipo depende de muchas cosas. Es más que la manera en que un grupo de personas con talentos particulares se desarrollan. Probablemente todos hayamos vistos equipos armados por jugadores talentosos en sus posiciones, que juntos deberían haber podido jugar bien, pero no pudieron. A pesar de sus talentos, no tenían la química precisa.

Un buen ajuste de equipo requiere de una actitud de compañerismo. Cada miembro del grupo debe respetar a los demás. Deben desear aportar al equipo y esperar la contribución del resto de las personas. Por sobre todo, deben aprender a confiar entre sí. Es la confianza la que posibilita que puedan contar uno con otro. Eso permite que puedan aceptar las debilidades de cada uno en vez de aprovecharse de ellas. Eso hace que un miembro del equipo le diga a otro: «Adelántate y haz esta tarea porque eres mejor en esto que yo», sin vergüenza ni manipulación. La confianza permite a los miembros del equipo comenzar a funcionar como una unidad, para empezar a completar las cosas que juntos reconocen como importantes. Una vez que los jugadores se conocen, confían mutuamente y desarrollan un ajuste, la personalidad del equipo comienza a emerger.

Los miembros de un equipo ponen sus derechos individuales por debajo de lo que es de mayor beneficio para el conjunto

Una vez que los miembros de un equipo crean en sus metas y comiencen a desarrollar una confianza genuina entre sí, estarán preparados para mostrar el verdadero trabajo colectivo. Su confianza mutua hará posible que puedan poner sus derechos y privilegios por debajo de lo que sea de más beneficio para el equipo.

Note que he mencionado que los miembros del conjunto estarán en *posición* de demostrar el verdadero trabajo grupal.

Esto no significa necesariamente que lo harán porque para que haya trabajo en equipo, deben darse algunas cosas. Primero, deben creer genuinamente que el valor del éxito del equipo es mayor que el de los intereses personales. Sólo podrán creer esto si se preocupan mutuamente y si el líder ha establecido con eficiencia la visión de lo que es importante. Entonces reconocerán que su éxito vendrá junto con el del equipo.

Segundo, para que los miembros de un equipo pongan sus derechos individuales por debajo de lo que sea de más beneficio para el conjunto, el sacrificio personal debe ser promovido y recompensado por el líder y el resto de los miembros. A medida que eso suceda, las personas llegarán a identificarse más y más con el equipo. En esa instancia, llegarán a reconocer que el individualismo gana trofeos, pero el trabajo en equipo gana la aprobación de otros.

Cada miembro del equipo cumple un papel especial

Mientras que el ajuste del equipo comienza a intensificarse y cada individuo se dispone a ponerlo en primer lugar, las personas comienzan a reconocer los diferentes papeles que ejercen en el grupo. Pueden hacerlo porque saben lo que se necesita para ganar y conocen las capacidades de sus compañeros de equipo. Con ese conocimiento y un poco de ánimo de parte del líder, los integrantes con mucho gusto asumirán apropiadamente sus roles. Philip Van Auken, en *The Well-*

Managed Ministry [El ministerio bien administrado], reconoce esto como el *Principio del nicho*. Él dice que: «Las personas que ocupan un lugar exclusivo en el equipo se sienten especiales y se desempeñan de manera especial. Esto es lo que humaniza el trabajo en conjunto».

En una situación ideal, el papel de cada persona se forja en base a sus fortalezas principales. De ese modo, el talento de cada persona puede ser maximizado. Pero no siempre funciona exactamente así. Como el éxito del equipo es lo más importante, algunas veces los miembros deben ser flexibles. Por ejemplo, cualquiera que conozca un poco del baloncesto profesional escuchó hablar de Magic Johnson. Él jugó para los Lakers de Los Ángeles durante los años ochenta, cuando era uno de los mejores equipos. Su talento principal consistía en su capacidad para hacer que las jugadas se completaran, especialmente las asistencias utilizando asombrosos pases mirando hacia otros lados. Pero Johnson era un jugador que estaba dispuesto a ocupar cualquier posición que el equipo requiriera. Durante ciertas temporadas, comenzó en los juegos del campeonato de la NBA como defensa, en la delantera y como central. Quizás sea el único jugador que haya hecho eso.

Lo importante aquí es que cada miembro del equipo asume un rol que se ajusta a las metas y necesidades de la organización así como a sus propios talentos y habilidades particulares. Cuando alguno de los papeles no está cubierto, todo el equipo sufre.

Si usted es líder de un conjunto, necesita observar qué papeles no están siendo ejecutados por los miembros de su equipo para que este cumpla la meta. Cuando vea que un rol está vacío, debe hacer ajustes en el equipo para que esa tarea se lleve a cabo.

UN EQUIPO EFICAZ TIENE UNA BUENA BANCA DE SUPLENTES

En los deportes, la banca de suplentes puede ser el recurso menos comprendido del equipo. Muchos jugadores «titulares» creen que son importantes, mientras que los que quedan en la banca de suplentes no lo son. Creen que pueden hacerlo sin ellos. Otros que pasan mucho tiempo en la banca desconocen su propia contribución. Algunos piensan erróneamente que no deben preocuparse por prepararse con la dedicación con la que lo hacen los titulares, que no necesitan estar listos para jugar. Sin embargo, la verdad es que la banca de suplentes es indispensable. Sin una buena banca de suplentes, el equipo nunca triunfará.

Lo primero que proporciona una buena banca es profundidad. En los deportes, muchos equipos pueden producir ganadores de temporadas. Pero cuando el nivel de competencia aumenta, tal como en los juegos abiertos o los torneos nacionales, un equipo sin profundidad no puede lograrlo. Si el conjunto no posee buenos jugadores de reserva, no llegará al final. Hasta ahora no he visto un equipo finalista que no haya tenido una buena banca de suplentes. Es más, este libro habla bastante acerca de desarrollar un buen equipo de suplentes: seleccionar, capacitar y desarrollar personas para que alcancen lo mejor y cumplan sus tareas cuando sean requeridas.

Otra de las características de la banca de suplentes es que establece la marca del nivel de potencial de todo el equipo. Esto es verdad porque la preparación del grupo depende de la banca de suplentes. En los deportes, los equipos practican en contra de sus propios jugadores. Si los titulares sólo están practicando contra jugadores incompetentes, su rendimiento no mejorará. Pero las buenas bancas de suplentes producen un mejor rendimiento, para mejorar constantemente. Lo mismo pasa en las organizaciones. Si el nivel de juego es elevado todos los días en la organización, los resultados del equipo serán excelentes cuando más se les necesite.

Por último, una buena banca de suplentes es un requisito para un equipo exitoso porque le otorga al jugador cansado la posibilidad de recuperarse. En los equipos victoriosos, cuando algún jugador no puede seguir debido a su fatiga o a una lesión, su compañero carga con la responsabilidad y le permite descansar. Es probable que esta sea una de las mejores cualidades del trabajo en equipo, la voluntad de un jugador para elevar su nivel de juego y completar la tarea por su compañero en el tiempo requerido. Este es el indicio máximo del deseo de un jugador por poner a su equipo y a las metas primero.

LOS MIEMBROS DE UN EQUIPO SABEN EXACTAMENTE EN
QUÉ SITUACIÓN SE ENCUENTRA EL CONJUNTO

En los deportes, la capacidad para saber en qué situación
se encuentra su equipo en todo momento y durante un partido, distingue al gran jugador del ideal. Esta cualidad, tanto
como el talento, le permite al jugador escalar de un nivel de
juego al próximo, como por ejemplo de la universidad a las
ligas profesionales. Los entrenadores tienen diferentes términos para esta cualidad. Un entrenador de fútbol americano,
por ejemplo, lo llamaría *instinto de fútbol*. Uno de baloncesto
lo llamaría *instinto de cancha* o de *visión*. Es la capacidad de
ver cuántos segundos quedan en el marcador, cuántos puntos
están por debajo del otro equipo, y qué jugadores están totalmente conectados con el partido o lesionados. Es una cualidad que hace a los jugadores y por ende a los equipos,
grandes.

Fuera de los deportes, esta cualidad puede ser llamada
instinto organizativo. Es la capacidad de saber lo que está sucediendo en la organización, cómo se encamina respecto a las
metas, qué organización lleva la delantera cuando se analiza la
competencia, cómo se encuentran los diferentes jugadores y
cuánto más pueden dar para llevar al equipo a donde necesita
llegar. No todos los miembros del equipo poseen este don. Es
tarea del líder mantener a todos los jugadores informados.
Debe impulsarlos a que revisen constantemente el progreso
del equipo y que escuchen a otros jugadores para saber en qué

situación se encuentra este. Si todos los miembros están informados acerca de la situación en la que se encuentra el equipo, estarán mejor posicionados para saber qué es lo que se necesitará para triunfar.

LOS MIEMBROS DEL EQUIPO ESTÁN DISPUESTOS A PAGAR EL PRECIO

Una vez tras otra, el éxito es cuestión de sacrificio, es la voluntad de pagar el precio. Lo mismo sucede en un equipo ganador. Cada integrante del grupo debe estar dispuesto a sacrificar tiempo y energía para entrenar y prepararse. Debe estar dispuesto a rendir cuentas. Debe estar dispuesto a sacrificar sus propios deseos. Debe estar dispuesto a entregar parte de sí por el éxito del equipo.

Todo se resume en el deseo y la dedicación de los integrantes del equipo. Esto es tan cierto en los deportes como en los negocios. Incluso se da en las guerras. En una entrevista con David Frost, al general Norman Schwarzkopf, comandante de las fuerzas aliadas de la Guerra del Golfo, se le preguntó: «¿Cuál es la lección más grande que aprendió de todo esto?» Él respondió:

> Creo que existe una verdad fundamental en el ejército y es que puedes incrementar la correlación de las fuerzas, puedes contar la cantidad de tanques, puedes contar la cantidad de aviones, puedes calcular todos esos factores del

poder militar y unirlos. Pero, a no ser que el soldado en el campo de batalla, o el aviador en el cielo, tenga la voluntad para ganar, tenga la fuerza de carácter para involucrarse en la batalla, crea que su causa es justa y tenga el apoyo de su país... el resto es irrelevante.

Sin la convicción de cada persona de que vale la pena pagar el precio por la causa, la batalla nunca se ganaría y el equipo no podría triunfar. Debe existir un compromiso.

Cuando arme un equipo dentro de la organización, usted estará capacitado para llegar a un nivel de éxito que nunca pensó alcanzar. El trabajo del equipo por una visión que vale la pena hace posible que personas comunes y corrientes alcancen resultados poco usuales. Y cuando los miembros del equipo no son personas comunes, sino líderes, sus hazañas pueden multiplicarse.

6

¿QUÉ SIGNIFICA SER COMPAÑERO DE EQUIPO?

Los mejores jugadores ponen al equipo primero.

Cuando la situación es de vida o muerte, la mayoría de las personas se preocupan más por sí mismas que por los demás. No fue así con Philip Toosey. Como oficial en la Armada Británica durante la Segunda Guerra Mundial, tuvo varias oportunidades para preservar su vida, sin embargo siempre se preocupó por su grupo.

En 1927, cuando Toosey, de veintitrés años de edad, ingresó a la Armada Territorial, una especie de ejército de reserva, lo hizo porque quería hacer algo más que simplemente desarrollarse en su carrera bancaria y el comercio de materias primas. Tenía otros intereses. Era un buen atleta y le gustaba jugar al rugby, pero muchos de sus amigos se estaban enrolando para el servicio militar, así que decidió unirse a ellos. Fue comisionado como subteniente en una unidad de artillería en la que se lució como líder y comandante de batería. Con el tiempo, ascendió de rango hasta llegar a mayor.

En 1939, él y su unidad fueron llamados al servicio
activo durante la explosión de la Segunda Guerra Mundial.
Sirvió brevemente en Francia, fue evacuado a Dunkirk y tras-
ladado subsecuentemente por mar para servir en el Pacífico.
Allí fue parte del intento frustrado de defender la península
de Malaya y finalmente Singapur de la invasión japonesa.
Para ese entonces, Toosey fue promovido a teniente coronel y
estuvo al mando del regimiento número 135 de la
Decimoctava División de la armada. A pesar de que sus hombres lucharon con destreza durante las campañas, las fuerzas
británicas fueron requeridas repetidas veces hasta que cayeron
durante su retirada a Singapur.

Fue allí donde Toosey desplegó el primero de varios actos
desinteresados que tanto lo caracterizaron. Cuando los británicos se dieron cuenta de que la rendición iba a ser inevitable,
le dieron la orden a Toosey de que abandonara a sus hombres
y su barco para que su experiencia como oficial de artillería
pudiera ser preservada y utilizada en otra misión. Se rehusó.
Después recordó:

> Realmente me era difícil creer lo que escuchaba, pero
> siendo un oficial territorial [en vez de uno común y
> corriente del ejército] me negué. Había recibido un tre-
> mendo cohete y se me dieron órdenes de hacer lo que se me
> dijera. Sin embargo pude decir que, como oficial territorial,
> todas las órdenes eran tema de discusión. Les manifesté que

como artillero tuve que leer el *Manual de entrenamiento de artillería*, volumen II, que dice claramente que en cualquier retirada el oficial en comando se retira de último.[1]

Él sabía el efecto negativo que podría generarle a la moral de sus hombres si los abandonaba, así que se quedó con ellos. Por consiguiente, cuando las fuerzas aliadas en Singapur se rindieron ante los japoneses en febrero de 1942, Toosey se convirtió en prisionero junto con sus hombres.

Pronto Toosey se encontró en un campo para prisioneros de guerra en Tamarkan, cerca de un río principal llamado Kwae Yai. Como era el oficial de mayor experiencia, estaba al mando de los prisioneros de los aliados. Su asignación por parte de los japoneses era que construyeran puentes que cruzaran el río, primero con madera, y después con acero y concreto. (La novela y la película *El puente sobre el río Kwai* fueron basadas en los acontecimientos que ocurrieron en ese campamento, pero Toosey no se parecía en nada al personaje del coronel Nicholson en la película.)

La primera vez que fue confrontado con las órdenes de los captores japoneses, Toosey quería negarse. Después de todo, la Convención de La Haya de 1907, la cual los japoneses ratificaron, prohibía a los prisioneros de guerra que fueran presionados a hacer trabajos para ayudar a sus enemigos en tareas relacionadas a la guerra. Pero Toosey también sabía que su negación traería como resultado represalias, las cuales

describió como «inmediatas, físicas y severas».[2] El biógrafo
Peter N. Davies observó: «En efecto, Toosey pronto se dio
cuenta de que en realidad no tenía opción en esa situación y
comprendió que la pregunta esencial no era si las tropas
podrían desempeñar las tareas con mayor presión, sino cuántos iban a morir en el proceso».[3]

Toosey decidió pedirles a los prisioneros que cooperaran
con los captores, sin embargo a diario arriesgaba su vida por
defender a sus hombres y por discutir por aumentos en las
raciones, horas normales de trabajo y un día de descanso por
semana. Su diligencia tuvo sus frutos, aunque después dijo:
«Si usted tomara la responsabilidad que yo tomé, aumentaría
su sufrimiento en gran medida».[4] Sufrió palizas con regulari-
dad y se le obligó a permanecer parado en posición de firme
bajo el sol por doce horas y, sin embargo, su persistencia
tediosa hizo que los japoneses mejoraran las condiciones para
los prisioneros aliados. Y, sorprendentemente, durante los
diez meses de trabajo sobre el puente, sólo nueve prisioneros
murieron.

Más tarde, como comandante de un hospital de campamento para prisioneros de guerra, Toosey fue reconocido por
hacer todo lo posible por aportar al bienestar de sus hombres,
incluyendo hacer excursionismo para encontrarse personal-
mente con cada grupo de prisioneros que arribaba al campamento, incluso en la oscuridad de la noche. Trabajaba con el
mercado negro con el fin de obtener medicina, comida y

otros suministros, a pesar de que si lo detectaban podría significar una muerte segura. Insistía en responsabilizarse por una radio ilegal, si es que los japoneses la llegaban a encontrar. Cuando la guerra terminó, la primera preocupación de Toosey fue encontrar a los hombres de su regimiento. Viajó cuatrocientos ochenta kilómetros para reunirse con ellos y asegurarse de que estuvieran a salvo.

Después de volver a Inglaterra, Toosey se tomó tres semanas de vacaciones y después volvió a su viejo empleo con el banco mercantil Barings. Nunca buscó la gloria por sus esfuerzos realizados durante la guerra, ni se quejó respecto a la película *El puente sobre el río Kwai,* aunque era evidente que la odiaba. Lo único que hizo más adelante, relacionado con la guerra, fue su trabajo para la Federación de Prisioneros de Guerra del Lejano Oriente ayudando a otros ex prisioneros. Fue otro acto característico de un hombre que siempre puso a su equipo por encima de su persona.

CÓMO CULTIVAR EL ALTRUISMO

Al poeta W. H. Auden se le ocurrió bromear: «Estamos en el planeta Tierra a fin de obrar bien para otros. Para qué están los otros, no lo sé». Ningún equipo puede triunfar si no pone a sus jugadores como prioridad. Ser desinteresado no es fácil, pero es necesario.

Como miembro de un equipo, ¿Cómo está cultivando la actitud altruista? Comience haciendo lo siguiente:

1. Sea generoso

San Francisco de Asís dijo: «Todos los que acaparan le separan a usted de los demás; todos los que dan lo unen a otros». El corazón del altruismo es generoso. Esto no sólo le permite unir al equipo, sino también le permite avanzar. Si los miembros de un equipo están dispuestos a dar de sí mismos generosamente al grupo, entonces se está preparando para triunfar.

2. Evite políticas internas

Uno de los peores indicios de egoísmo se puede observar en las personas que emplean la política en un equipo. Generalmente esto significa tomar posturas o posicionarse para sus propios beneficios, sin importar cómo pueda dañar las relaciones del equipo. Pero los buenos jugadores de un conjunto se preocupan por el beneficio que puedan obtener sus compañeros antes que por sí mismos. Ese tipo de desinterés ayuda a los compañeros de equipo y beneficia al dador. El excepcional científico, Albert Einstein, observó: «Una persona comienza a vivir cuando logra vivir por fuera de sí mismo».

3. Demuestre lealtad

Si demuestra lealtad a las personas de su equipo, ellos corresponderán a esa lealtad de la misma manera. Seguramente ese fue el caso del coronel Toosey. Una y otra vez, se ponía en la línea por sus hombres, y como resultado ellos trabajaban arduamente, le servían muy bien y cumplían con cualquier misión que se les daba, incluso en los momentos más difíciles. La lealtad fomenta la unidad y la unidad produce el éxito del equipo.

4. Valore la interdependencia más que la independencia

En Estados Unidos, valoramos mucho la independencia porque muy a menudo se logra a través de la innovación, del trabajo arduo y de la voluntad de luchar por lo que es correcto. Pero cuando se lleva demasiado lejos puede ser una característica del egoísmo, especialmente si comienza a lastimar o a ser un estorbo para los demás. Séneca dijo: «Ningún hombre puede vivir feliz si sólo se interesa por sí mismo, si en todo busca su propio beneficio. Debe vivir para los demás si quiere vivir para sí mismo».

Para llegar a ser menos egoísta...

Promueva a alguien que no sea usted mismo

Si tiene el hábito de vanagloriarse con sus logros y promocionarse ante otros, determínese a guardar silencio respecto à usted y alabe a otros por dos semanas. Encuentre cosas positivas qué decir acerca de las cualidades y hechos de otras personas, especialmente de sus superiores, familia y amigos cercanos.

Tome un papel subordinado

La tendencia natural de la mayoría de las personas es tomar la mejor posición y dejar que otros se hagan valer por sí mismos. Todo el día de hoy, practique la disciplina del servicio, permitiendo que otros avancen primero o tomando un papel subordinado. Hágalo por una semana y vea cómo afecta su actitud.

Dé en lo secreto

El escritor John Bunyan sostuvo que: «Usted no vivió el día de hoy exitosamente a menos que haya hecho algo por alguien que nunca se lo podrá devolver». Si les da a otros en su equipo sin que lo sepan, no podrán devolvérselo. Inténtelo. Cultive el hábito de hacerlo y verá que no podrá detenerse.

7

¿CÓMO HAGO PARA ESTABLECER
UN EQUIPO GANADOR?

La inversión de un líder en un equipo retribuye dividendos.

Todos saben que el trabajo en equipo es algo bueno; es más, ¡es esencial! Pero, ¿cómo funciona en realidad? ¿Qué hace que se convierta en un equipo ganador? ¿Por qué algunos equipos van directo a la cima, viendo cómo su visión se hace realidad, mientras que otros no van a ningún lado?

Los equipos vienen en todas las formas y medidas. Si está casado, usted y su esposa son un equipo. Si es empleado de una organización, usted y sus colegas son un equipo. Si emplea su tiempo voluntariamente, usted y sus compañeros de trabajo son un equipo. Como bromeaba Dan Devine: «Un equipo que es un equipo, es un equipo. Shakespeare dijo eso muchas veces». Si bien el famoso autor no lo dijo exactamente de esa manera, el concepto sigue siendo válido. Es por eso que el trabajo en equipo es tan importante.

Cómo invertir en el desarrollo de un equipo

Creo que la mayoría de las personas reconocen que invertir en el desarrollo de un equipo trae beneficios a cada persona que forma parte de él. La pregunta para la mayoría de las personas no es *¿Por qué?*, sino *¿Cómo?* Permítame presentarle diez pasos que puede seguir para invertir en el desarrollo de su equipo. Usted puede implementar estas tareas sin importar que sea jugador o entrenador, empleado o patrón, seguidor o líder. Siempre hay alguien en el equipo que puede beneficiarse de lo que tenga que ofrecer. Y cuando todos en el equipo pueden invertir, los beneficios son como esos intereses compuestos. Se multiplican.

Así es como puede comenzar:

1. Determínese a desarrollar un equipo... Esto inicia el proceso de inversión en él

Se dice que cualquier travesía comienza con el primer paso. Decidir si vale la pena desarrollar a la gente del equipo es el primer paso en el desarrollo de un equipo mejor. Eso requiere de un *compromiso*.

2. Reúna el mejor equipo posible... Esto incrementa el potencial del grupo

Así como mencioné previamente, cuanto mejores sean las personas de un equipo, mayor será su potencial. Sólo existe una clase de equipo del cual usted forma parte y del que no debería salir a buscar mejores jugadores disponibles, ese es su familia. Necesita permanecer con esos compañeros de equipo en las buenas y en las malas. Pero otra clase de grupos pueden beneficiarse del reclutamiento de las mejores personas disponibles.

3. PAGUE EL PRECIO PARA DESARROLLAR A SU EQUIPO...
ESTO FAVORECE EL CRECIMIENTO DE SU CONJUNTO

Cuando Morgan Wootten se propuso ayudar al pequeño que tenía dos paros cardiacos y medio, él y su familia tuvieron que pagar un precio. No era lo más agradable ni confortable. Les costó energía, dinero y tiempo.

A usted también le costará desarrollar su equipo. Deberá dedicar tiempo que podría emplear productivamente en sí mismo. Deberá invertir dinero que podría ser utilizado para provecho propio y hasta tendrá que dejar de lado sus compromisos personales. No obstante, el beneficio que genera en las personas y el equipo, vale la pena. Todo lo que dé es una inversión.

4. HAGAN JUNTOS LAS COSAS COMO EQUIPO... ESTO
GENERA SENTIDO DE COMUNIDAD EN EL GRUPO

Una vez leí la declaración: «Aunque haya jugado el partido de su vida, es la sensación de equipo la que recordará. Usted olvidará las jugadas, los lanzamientos y los resultados, pero nunca olvidará a sus compañeros de equipo». Eso es describir la comunidad que se desarrolla entre compañeros de equipo que invierten tiempo haciendo las cosas juntos.

La única manera de desarrollar el sentimiento de comunidad y unidad con sus compañeros de equipo es reuniéndolos, no sólo en un contexto profesional, sino también en lo personal. Existen muchas maneras de conectarse con sus compañeros de equipo y de conectarlos entre sí. Muchas familias que desean generar un vínculo encuentran muy conveniente ir de campamento. Los colegas de labores pueden hacer vida social fuera del trabajo (de una manera apropiada). El *dónde* y *cuándo* no son tan importantes como el hecho de que los miembros del equipo compartan experiencias comunes.

5. Otorgue responsabilidad y autoridad a los miembros del equipo... Esto levanta líderes para el grupo

El mayor crecimiento en las personas muchas veces se da como resultado de la prueba y error en la experiencia personal. Cualquier equipo que desee que las personas avancen a un nivel superior de desempeño y niveles superiores de liderazgo, debe darles a sus miembros tanto autoridad como responsabilidad. Si usted es un líder en su grupo, no proteja su posición ni acapare el poder. Concédalo a otros. Esa es la única manera para añadir poder al equipo.

6. RECONOZCA EL MÉRITO DEL ÉXITO DEL EQUIPO... ESTO LEVANTA LA MORAL DEL GRUPO

Mark Twain dijo: «Puedo alimentarme de un buen cumplido por dos meses». Esa es la manera en que se siente la mayoría de las personas. Están dispuestos a trabajar arduamente si reciben el reconocimiento por su esfuerzo. Es por eso que Napoleón Bonaparte observaba: «Un soldado luchará con fuerza y perseverancia por un solo ribete colorado». Halague a sus compañeros de equipo. Haga notorios sus logros. Y si es el líder, encárguese de los errores pero nunca del mérito. Haga eso y su equipo siempre luchará por usted.

7. VERIFIQUE QUE LA INVERSIÓN EN EL EQUIPO ESTÉ DANDO SUS FRUTOS... ESTO PROMUEVE LA RESPONSABILIDAD COLECTIVA

Si deposita dinero en una inversión, es porque espera una retribución, quizás no al instante, pero seguramente más adelante. ¿Cómo hace para saber si está ganando o perdiendo en esa inversión? Debe prestar atención y medir el progreso.

Lo mismo sucede cuando se invierte en las personas. Debe revisar si el tiempo, energía y recursos que deposita en ellos tiene sus frutos. Algunos se desarrollan rápidamente. Otros tienen un proceso más lento y eso es bueno. Lo importante es ver si progresan.

8. Detenga su inversión en jugadores que no crecen... Esto termina con las pérdidas importantes del equipo

Una de las experiencias más difíciles para cualquier miembro de un equipo es cuando debe dejar un compañero de equipo atrás. Sin embargo, eso es lo que debe hacer si alguien de su equipo se rehúsa a crecer o cambiar por el beneficio de sus compañeros. Eso no significa que no ame a la persona. Sólo significa que deja de invertir en una persona que no hará o no puede hacer que el equipo crezca.

9. Cree nuevas oportunidades para el equipo... Esto permite que se haga más flexible

No existe una mayor inversión que pueda hacer en el desarrollo de un equipo que otorgarle más oportunidades. Cuando un equipo tiene la posibilidad de posicionarse en otro nivel o enfrentar nuevos desafíos, debe hacerse flexible para enfrentarlos. Ese proceso no sólo le da una oportunidad al equipo para crecer, sino que también beneficia a todos los integrantes. Todos tienen la oportunidad de desarrollar su potencial.

10. Déle a su equipo la mejor oportunidad para triunfar... Esto le garantiza al conjunto un alto rendimiento

James E. Hunton dice: «Reunirse es el comienzo. Mantenerse juntos es el proceso. Trabajar juntos es el éxito». Una de las tareas más importantes de las que puede ocuparse de manera anónima es quitando obstáculos para que el equipo tenga la mejor oportunidad para dirigirse al triunfo. Si usted es un miembro de equipo, eso puede significarle hacer un sacrificio personal o ayudar a otros para poder trabajar juntos más eficientemente. Si es el líder, eso puede significar que deberá crear un medio ambiente altamente motivado para el equipo y darle a cada uno lo que necesita en cualquier momento que lo requiera para asegurarse el éxito.

Invertir en el desarrollo de un equipo casi garantiza una valiosa retribución por el esfuerzo debido a que el conjunto puede hacer mucho más que los individuos solitarios. O como Rex Murphy, una persona que participó en una conferencia que dicté, me dijo: «Donde hay voluntad existe un camino; donde hay un equipo, existe más de un camino».

¿CÓMO AFECTA UN JUGADOR DÉBIL EN UN EQUIPO?

Un eslabón débil desacredita la credibilidad del líder
y las oportunidades del equipo para triunfar.

Así como a cualquier equipo le gusta medirse por sus integrantes más destacados, la verdad es que la fuerza del grupo es impactada por el eslabón más débil. No importa cuántas personas intenten racionalizar esto, intenten compensarlo o esconderlo, un eslabón débil tarde o temprano se hará evidente. Esa es la Ley de la cadena.

SU EQUIPO NO ES PARA TODOS

Uno de los errores que cometía con frecuencia en mis primeros años de liderazgo era que pensaba que todos los que estaban en mi equipo debían permanecer en él. Eso era verdad por ciertas razones. Primero, yo veo naturalmente lo mejor en las personas. Cuando veo personas con potencial, puedo ver todo lo que podrían llegar a ser, incluso si ellos no lo ven. Intento alentarlos y capacitarlos para que puedan perfeccionarse. Segundo, realmente me agradan las personas. Mi manera de pensar es que cuantas más personas se sumen al viaje, mayor será la fiesta. Tercero, debido a que tengo visión y creo que mis metas valen la pena y son de beneficio para otros, algunas veces doy por hecho ingenuamente que todos quieren acompañarme.

Pero no significa que sólo porque quiera llevarlos a todos conmigo siempre va a salir bien la cuestión. La primera experiencia memorable respecto a esto ocurrió en 1980, cuando me ofrecieron un puesto ejecutivo en la sede nacional de la iglesia Wesleyana en Marion, Indiana. Cuando acepté el puesto, invité a mi asistente para que viniera y se uniera a un nuevo equipo que estaba formando. Así que ella y su esposo consideraron la oferta y fueron a Marion para conocer un poco. Nunca olvidaré el momento en que regresaron. Cuando comencé a contarles emocionado los desafíos que tendríamos y cómo podríamos eliminarlos, empecé a percatarme, por las expresiones de sus rostros, de que algo andaba mal. Y fue ahí cuando me dijeron que no irían.

Esa declaración me tomó completamente por sorpresa. Es más, estaba seguro de que estaban cometiendo un error y se los dije, e intenté hacer todo lo que pude para convencerlos y cambiar su manera de pensar. Pero mi esposa, Margaret, me dio un buen consejo. Me dijo: «John, tu problema es que quieres llevar a todos contigo, pero no todos van a añadirse a tu travesía. Olvídalo de una vez». Fue una lección difícil de aprender y algunas veces lo sigue siendo.

De esa experiencia y otras que he tenido, he descubierto que cuando se trata de trabajo en equipo...

1. NO TODOS SE UNIRÁN A LA TRAVESÍA

Algunas personas no quieren ir. Mi asistente y su esposo en Lancaster, Ohio, prefirieron permanecer allí donde habían hecho relaciones por muchos años. Para otras personas el problema es la actitud. No quieren cambiar, crecer ni conquistar nuevos territorios. Se aferran mucho a su status quo. Todo lo que puede hacer por personas de ese tipo es agradecerles su contribución y seguir adelante.

2. NO TODOS DEBERÍAN UNIRSE A LA TRAVESÍA

Otras personas no deberían sumarse al equipo por cuestiones de su agenda. Tienen otros planes y el lugar al que usted se dirige no es el más conveniente para ellos. Lo mejor que puede hacer por personas en esta categoría es desearles lo mejor y, mientras pueda, ayudarles en su travesía para alcanzar el éxito.

3. NO TODOS PUEDEN UNIRSE A LA TRAVESÍA

Para esta tercera clase de personas, el problema es la capacidad. Es probable que no sean capaces de mantener el ritmo con sus compañeros de equipo ni de ayudar al grupo para que alcance su meta. ¿Cómo reconoce a las personas que forman parte de esta categoría? No son muy difíciles de identificar.

- No pueden seguir el ritmo de sus compañeros.
- No crecen en su área de responsabilidad.
- No ven el cuadro completo.
- No trabajan en sus debilidades particulares.
- No trabajan con el resto del equipo.
- No pueden satisfacer las expectativas de su área.

Si tiene alguna persona en su equipo que posea alguna de estas características, entonces debe reconocer que es un eslabón débil.

Eso no significa que sea mala persona. En efecto, algunos equipos existen para servir a los eslabones débiles o ayudarles a fortalecerse. Depende de la meta del equipo. Por ejemplo, cuando era pastor principal, nos comprometimos con la gente de la comunidad ofreciéndoles comida y asistencia. Ayudamos a las personas con adicciones, a las que se recuperaban de divorcios y varias otras dificultades. Nuestra meta era servirles. Es bueno y apropiado ayudar a quienes se encuentran en esas situaciones. Pero incluirlos en el grupo mientras no estén en condiciones no los ayuda, al contrario lastima al equipo, incluso al extremo de incapacitarlo para alcanzar su meta en el servicio.

¿Qué puede hacer usted con las personas de su equipo que sean eslabones débiles? En realidad tiene dos opciones: Necesita entrenarlos o cambiarlos. Por supuesto, su primera prioridad siempre debería ser entrenar a quienes les está costando trabajo seguir el ritmo de los demás. Esa asistencia puede presentarse de diferentes maneras: dándoles libros para leer, mandándoles a conferencias, presentándoles nuevos desafíos, reuniéndolos con mentores. Creo que las personas generalmente alcanzan el nivel de expectativas. Déles esperanza y ánimo, porque casi siempre mejoran.

Pero, ¿qué debe hacer con alguien que constantemente fracasa en alcanzar las expectativas, incluso después de recibir entrenamiento, aliento y oportunidades para crecer? Mi padre solía tener un dicho: «El agua busca su propio nivel». Alguien que es un eslabón débil en su equipo puede que llegue a ser una estrella en otro equipo. Usted debe darle a esa persona una oportunidad para encontrar ese nivel en otro lado.

EL IMPACTO DE UN ESLABÓN DÉBIL

Si es líder de equipo, no puede evitar lidiar con eslabones débiles. Los miembros de un grupo que no cargan con su propio peso, disminuyen la velocidad del conjunto, lo que produce un efecto negativo en el liderazgo. Algunas cosas pueden suceder cuando un eslabón débil permanece en el equipo:

1. Los miembros más fuertes identifican al más débil

Un eslabón débil no puede ocultarse (excepto en un grupo de personas débiles). Si tiene personas fuertes en su equipo, siempre sabrán quiénes no están desempeñándose al nivel del resto.

2. Los miembros más fuertes deben ayudar al más débil

Si su gente debe trabajar unida como equipo para hacer su trabajo, solamente hay dos opciones respecto a un integrante débil. Pueden ignorar a la persona y hacer que el equipo sufra, o pueden ayudarlo y hacer que el equipo sea más exitoso. Si son compañeros de equipo, brindarán su ayuda.

3. Los miembros más fuertes quedan resentidos con el más débil

No importa si los miembros fuertes del equipo ayudan o no, el resultado siempre será el mismo: resentimiento. A nadie le gusta perder o quedarse atrás constantemente a causa de la misma persona.

4. Los miembros más fuertes se vuelven menos eficaces

Arrastrar la carga de otro sumada a la de uno pone en riesgo su desempeño. Hágalo por un largo tiempo y verá que todo el equipo sufrirá.

5. Los miembros más fuertes cuestionan la capacidad del líder

Cuando un líder permite que un eslabón débil permanezca en el equipo, los miembros forzados a compensar el trabajo de la persona débil, comienzan a dudar del coraje y discernimiento del líder.

Muchos miembros del equipo podrán evadir la dura decisión de lidiar con miembros débiles, pero los líderes no. Es más, una de las diferencias entre líderes y seguidores es la acción. Los seguidores casi siempre saben qué hacer, pero no tienen la voluntad o son incapaces de llevarlo a cabo. Pero, sepa esto: Si otras personas del equipo toman decisiones por usted porque no está dispuesto o es incapaz de tomarlas, entonces su liderazgo corre peligro y no está sirviendo al equipo de la mejor manera.

Cómo fortalecer la cadena

Los miembros débiles de un equipo siempre toman más tiempo que los más fuertes. Una de las razones es que, las personas más competentes tienen que dar más de su tiempo para compensar el de los que no pueden cargar con la parte que les corresponde. Cuanta más diferencia exista entre las aptitudes de los que mejor se desempeñan y los que se desempeñan menos, mayor es el perjuicio para el equipo. Por ejemplo, si usted mide a las personas del uno al diez (siendo diez el mejor puntaje), un cinco en medio de un diez realmente perjudica al equipo, mientras que un ocho no.

Permítame demostrarle cómo opera. Cuando arma un equipo, sus talentos se unen de una manera análoga en la suma. Entonces, visualmente un cinco entre otros que son diez, se ve así:

$$10 + 10 + 10 + 10 + 5 = 45$$

La diferencia entre este equipo y los grandiosos con cinco dieces, es como la diferencia entre cincuenta y cuarenta y cinco. Es una diferencia del diez por ciento. Pero cuando un equipo se une y comienza a generar química, sinergia e impulso, su analogía está en la multiplicación. Es ahí cuando un eslabón débil realmente comienza a perjudicar al equipo. Es la diferencia entre:

$$10 \times 10 \times 10 \times 10 \times 10 = 100,000$$

y esto:

$$10 \times 10 \times 10 \times 10 \times 5 = 50,000$$

¡Es una diferencia del cincuenta por ciento! La fuerza y el movimiento del equipo pueden compensar al eslabón débil por algún momento, pero no para siempre. A la larga este termina restándole movimiento y potencial.

Irónicamente, los eslabones débiles tienen menos noción que los más fuertes respecto a sus debilidades y defectos. También pasan más tiempo defendiendo sus cosas, cuidando sus posiciones y aferrándose a lo que tienen. Y sepa esto: cuando hablamos acerca de la interacción entre personas, la más débil casi siempre controla la relación. Por ejemplo, alguien con una imagen propia fuerte es más flexible que quien tiene una imagen propia pobre. Una persona con una visión clara, actúa con mayor simplicidad que quien no la tiene. Una persona con una capacidad y energía superiores, logra más resultados y resiste más que otra con menos dones. Si estas dos personas laboran juntas, el integrante más fuerte tendrá que trabajar constantemente con tiempo de demora por esperar al más débil. Eso es lo que controla la situación en la travesía.

Si su equipo tiene un eslabón débil que no puede o no quiere elevarse al nivel del grupo y ya hizo todo lo que estuvo a su alcance para ayudarlo a mejorar, entonces debe hacer algo al respecto. Cuando lo haga, preste atención al consejo de los autores Danny Cox y John Hoover. Si necesita sacar a alguien del equipo, sea discreto, sea claro, sea honesto y sea conciso. Después que la persona se marche, sea franco con el equipo respecto a este tema, aunque siempre mantenga el respeto por la persona que despidió.[1] Y si comienza a tener dudas, antes o después, recuerde esto: Mientras un eslabón débil sea parte de un equipo, todo el resto del grupo sufrirá.

9

¿CÓMO DESARROLLO UNA ENERGÍA POSITIVA EN EL EQUIPO?

Complementar a los compañeros de equipo
se antepone a competir con ellos.

Chris Hodges, un buen líder que nació en Baton Rouge, es conocido por contar chistes *Boudreaux*, una clase de humor muy popular en Luisiana. Hace poco, en un viaje para Equipando líderes para alcanzar al mundo (EQUIP, por sus siglas en inglés), me contó este (intentaré captar el acento al escribirlo lo mejor que puedo para conservar lo gracioso):

Un grupo de descendientes franceses que viven en Luisiana estaba sentado en una ronda fanfarroneando acerca de cuán exitosos eran. Uno de ellos, Thibideaux dijo:

—Acabo de comprarme otro barquito de camarones ya, y me conseguí una tripulación de diez personas trabajando pa' mí.

—Eso no e' na' —dijo Landry—, me promovieron en la refinería, y ahora tengo a cincuenta personas trabajando pa' mí.

Boudreaux escucha eso y para no quedar mal en frente de sus compañeros, dice: —Ah sí, pue' yo tengo a trescientas personas debajo de mí.

A lo que Thibideaux responde: —¿De qué tú habla, Boudreaux? Si tú cortas pasto to' el día.

—E' verdad —dice Boudreaux—, pero ahora 'toy cortando el pasto en el cementerio y tengo a trescientas personas por debajo mío.

No hay nada de malo en las competencias. El problema existe cuando los líderes terminan compitiendo en contra de sus compañeros en su propia organización de una manera que perjudica al equipo y a ellos mismos. Todo depende de cómo lidie con la competencia y cómo la encauce. En ambientes laborales saludables, coexisten la competencia y el trabajo en equipo. El problema es saber cuándo es apropiado uno u otro. Cuando hablamos de sus compañeros de equipo, usted desea competir con ellos de tal manera que, en vez de *competir* con ellos, los *complemente*. Esas son dos maneras de pensar totalmente diferentes.

Competir o complementar

Competir	Complementar
Mentalidad de escasez	Mentalidad de abundancia
Yo primero	La organización primero
La confianza se destruye	La confianza se desarrolla

Unos ganan y otros pierden	Ambos ganan
Pensamiento individualista	Pensamiento colectivo
(mis buenas ideas)	(nuestras grandiosas ideas)
Exclusión de los demás	Inclusión de los demás

Ganar a cualquier costo le costará cuando esa mentalidad se filtre en su equipo. Si su meta es ganar a sus compañeros, nunca será capaz de influenciarlos.

¿CÓMO BUSCAR EL EQUILIBRIO ENTRE COMPETIR Y COMPLEMENTAR?

El punto importante de todo esto es que el éxito de todo el equipo es más importante que cualquier trofeo individual. Las organizaciones necesitan tanto la competencia como el trabajo en equipo para ganar. Cuando estos dos elementos existen en el equilibrio justo, esto resulta en una excelente química de equipo.

Entonces, ¿cómo equilibrar competir con complementar? ¿Cómo se hace para pasar fácilmente de uno al otro? He aquí mi recomendación:

1. ADMITA SU DESEO NATURAL DE COMPETIR

Alrededor de cuatro o cinco años después de graduarme de la universidad, regresé a jugar en un equipo de baloncesto de ex alumnos contra el equipo actual de la institución. Antes, cuando jugaba para el equipo, mi posición era de escolta, pero esta vez me habían asignado para cubrir al jugador principal del equipo contrario. Mientras hacía precalentamiento, lo observé y supe que estaba en problemas. Él era mucho más rápido que yo. Así que desarrollé una estrategia con rapidez.

La primera vez que intentó introducir la pelota en el aro, cometí una falta. No me refiero a que sólo le toqué la mano mientras tiraba. Me refiero a que realmente cometí una falta grave. Se levantó, se preparó para tirar desde la línea de tiros libres y erró ambos. Por el momento, todo iba bien.

La siguiente vez que su equipo volvió al lado de nuestra cancha e intentó lanzar un tiro desde afuera, cometí otra falta muy fuerte contra él. Comenzó a rezongar mientras se levantaba.

Pronto, después de aquello, cuando nadie tenía la pelota, me lancé para atraparla, pero también me aseguré de caer justo encima de él. En esos tiempos yo no era tan grande como ahora, pero era más pesado que él.

Así que saltó de donde estaba y me gruñó: «Estás jugando demasiado rudo. Sólo es un partido».

«Bueno», le dije con una sonrisa, «entonces déjame ganar».

No importa quién sea o qué haga, la competitividad es natural en el instinto del líder. Todavía no he conocido a uno que no le guste ganar. Ahora recuerdo el pasado y reconozco que no era muy maduro que digamos. La buena noticia es que el equipo de ex alumnos ganó el partido. La mala es que ese día no hice ningún amigo nuevo.

La clave para ser competitivo es canalizarlo de manera positiva. Si lo aplasta, pierde un elemento que lo motiva a dar su mejor esfuerzo. Si lo deja correr libremente, usted se encontrará atropellando a sus compañeros por lo que se enfadarán. Pero si lo controla y le da dirección, la competitividad puede ayudarlo a triunfar.

2. Adopte una competencia saludable

Todos los equipos ganadores que he visto o de los que fui parte, han experimentado una competencia saludable entre sus miembros. La competencia sana proporciona a un equipo varias cosas positivas, muchas de las cuales no pueden lograrse de otra manera.

La competencia saludable ayuda a sacar a flote lo mejor de usted. ¿Cuántas marcas mundiales piensa que se alcanzan cuando un atleta corre solo? ¡Creo que ninguna! Las personas funcionan al máximo cuando tienen a otras presionándolas. Esto es una realidad sea que esté entrenando, practicando o jugando en el partido.

La competencia saludable promueve evaluaciones honestas. ¿Cuál es la manera más rápida de medir su eficiencia en su profesión? Quizás tenga metas a largo plazo que se pueden medir en meses o años. Pero, ¿qué tal si quiere saber cómo le está yendo hoy? ¿Cómo haría para medirlo? Podría ver su lista de quehaceres. No obstante, ¿qué tal si se fija una meta demasiado fácil? Puede preguntarle a su jefe. Pero quizás la mejor manera sería observar lo que los demás en su misma área de trabajo están haciendo. Si usted está muy atrasado o adelantado respecto a ellos, ¿no le dirá algo eso? Si estuviera atrasado, ¿no intentaría descubrir qué es lo que está haciendo mal? Tal vez no sea la única manera de evaluarse a sí mismo, pero puede proporcionarnos una idea de nuestra situación.

La competencia saludable genera camaradería. Cuando las personas compiten juntas, esto suele generar un vínculo entre ellas, sea que estén en el mismo equipo o en el opuesto. Cuando la competencia es amena y amigable en el mismo equipo, puede producir un vínculo aun más fuerte que puede guiarlo a una gran camaradería.

La competencia saludable no se convierte en algo personal. La competencia entre compañeros de equipo finalmente es para divertirse. Cuando la competencia es saludable, los compañeros de grupo permanecen como amigos cuando el juego se acaba. Juegan en contra de sí sólo por la emoción del juego; por lo que cuando terminan, pueden caminar juntos sin resentimientos.

Me encanta el chiste aquel acerca del gallo que arrastró un huevo de avestruz al gallinero. Lo puso en un lugar para que todas las gallinas lo vieran y dijo: «No quiero intimidarlas chicas, sólo quería que supieran lo que los otros están haciendo junto al camino». La competencia definitivamente puede ayudar a motivar al equipo a avanzar.

3. PONGA LA COMPETENCIA EN EL LUGAR APROPIADO

La meta primordial de la competencia sana es que sirva de palanca para desencadenar el crecimiento corporativo. La competencia en la práctica ayuda a los compañeros de equipo a entrenar para el día del partido. Si se utiliza correctamente, puede dar como resultado la victoria sobre el otro equipo.

Por supuesto, algunos líderes pueden llevar esto a un extremo. Tommy Lasorda, ex entrenador de los Dodgers de Los Ángeles, contó cierta historia cuando una vez el equipo tenía que jugar contra los Rojos de Cincinnati. Al otro día por la mañana, Lasorda fue a misa. Cuando se sentó en su banco vio que el entrenador de los Rojos, Johnny McNamara, había asistido a la misma misa y se había sentado en el mismo banco.

Los dos se miraron pero no dijeron nada.

Cuando la misa acabó, mientras salían, Lasorda se dio cuenta de que el otro entrenador se detuvo para encender una vela. Él pensó que eso les daba a los Rojos una ventaja. «Cuando se fue, me acerqué y apagué la vela», dijo Lasorda. «Durante todo el partido, le gritaba: "Oye, Mac, no va a funcionar. Apagué tu vela". Les ganamos con mucha ventaja, 13-2».

4. SEPA DÓNDE PONER EL LÍMITE

No importa cuánto desee ganar, si quiere cultivar la capacidad para competir de una manera saludable, debe asegurarse de no cruzar la línea al «atacar a la yugular» de sus compañeros, ya que si lo hace, hará que se alejen de usted. Ese límite no es difícil de definir. Yo diría que cuando la competitividad eleva el nivel y hace que los demás sean mejores, es saludable. El momento en que la moral disminuye, hiere al equipo, lo enferma y lo desubica.

Cuando estaba pastoreando la Iglesia de Skyline en el área de San Diego, mi personal era muy competente y competitivo. El equipo principal que siempre encendía la mecha eran Dan Reiland, Sheryl Fleisher y Tim Elmore. Todos tenían sus propios ministerios y áreas propias de experiencia, pero siempre estaban compitiendo, siempre intentando superar al otro. Su competencia amigable los mantenía ocupados e inspiraba al resto del personal a integrarse y a hacer su mejor esfuerzo. Pero aunque eran intensos y competitivos, si alguno de ellos tenía un problema, los otros estaban allí para ayudarlo, dispuestos a extender una mano e involucrarse. Siempre pusieron el éxito del equipo antes que el suyo.

En la actualidad esos tres líderes están ocupándose de diferentes tareas en diversas organizaciones alrededor del país, pero siguen siendo amigos. Se mantienen en contacto, comparten historias y todavía se ayudan entre sí cuando alguno lo necesita. El tipo de vínculo que se desarrolla cuando se compite juntos no se deshace fácilmente. Tienen un respeto tan profundo por cada uno de ellos que continúa brindándoles confianza e influencia mutua.

10

¿CÓMO APROVECHAR LA CREATIVIDAD DEL EQUIPO?

Asegúrese de que la mejor idea siempre triunfe.

Imagínese que se está preparando para asistir a una reunión de planeamiento a la cual irán su jefe y otras personas que están en el mismo nivel que usted en la organización. Digamos que fue elegido por su superior, de entre sus compañeros, para dirigir la reunión y ve que esta es su oportunidad para brillar. Hizo sus deberes y algo de investigación. Invirtió muchas horas pensando en este proyecto, pensando en ideas, planeando y esforzándose para prever cualquier obstáculo que pueda surgir. Basado en sus discusiones previas con su personal y sus compañeros, usted cree que sus ideas son mejores que todo lo que ha escuchado de todos los demás.

Así que comienza la reunión con mucha seguridad. De repente, se da cuenta de que el programa no se está desarrollando de la forma que esperaba o que planeó. Su jefe hace un comentario y cambia el rumbo de la discusión a un tema completamente diferente. Al principio puede que piense: *Eso está bien. Puedo salvar esto. Mis ideas todavía funcionarán; sólo necesito dirigirlos de regreso a ellas.*

Después uno de sus compañeros se hace presente con una idea. Usted no opina demasiado al respecto, pero todos parecen pensar que es maravillosa. Un par de personas en la sala aprovecharon esa idea como un disparador inicial y comienzan a construir sobre ella. Usted puede sentir cómo la energía en esa sala comienza a incrementarse. Las ideas se empiezan a suscitar y todos están alejándose claramente cada vez más de todas las semanas de planeamiento que invirtió, de la idea que era casi como un hijo suyo.

¿Qué hace en ese momento?

Para la mayoría de las personas en tales circunstancias, su instinto natural sería pelear por sus ideas. Después de todo, para ese entonces habrán hecho una gran inversión en ellas:

- *La inversión intelectual.* Se requieren muchas horas pensando, planeando y resolviendo problemas para reunir, crear y perfeccionar una idea.
- *La inversión física.* Prepararse para una reunión importante suele tomar mucho tiempo, esfuerzo y recursos.
- *La inversión emocional.* Cuando a las personas les surge algo que consideran una buena idea, es difícil abstenerse de pensar no sólo en lo que ella puede significar para la compañía, sino también lo que puede significar para ellos y sus carreras.

Para ese momento, ya se aferraron a sus ideas y se torna difícil dejarlas morir, especialmente cuando otro que no hizo todo el trabajo, aparece y se lleva todo el crédito.

Ideas: El impulso vital de una organización

Si desea aprovechar la creatividad de su equipo, debe resistir la tentación de pelear por su idea cuando no sea la mejor. ¿Por qué? Porque las buenas ideas son demasiado importantes para la organización. Harvey Firestone, fundador de Firestone Tire y Rubber Company, dijo: «El capital no es tan importante en los negocios. La experiencia tampoco. Ambas cosas se pueden alcanzar. Lo que es importante son las ideas. Si tiene ideas, tiene el recurso fundamental que se necesita y no hay límites para lo que pueda hacer con su negocio o su vida. Son el recurso más importante de todo hombre, las ideas».

Las grandes organizaciones tienen personas en todas partes de la estructura que producen grandes ideas. De esa manera es como llegan a ser grandes. El progreso que hacen y las innovaciones que producen no vienen de las alturas. Sus sesiones creativas no son dirigidas por los líderes superiores. Ni tampoco, todas las reuniones se convierten en un campo de batalla para ver quién puede dominar al resto. Las personas se reúnen en equipos, los compañeros trabajan juntos y se esfuerzan porque quieren que gane la mejor idea.

Los líderes de una organización que ayudan para que las buenas ideas emerjan, generan lo que esa estructura más necesita. Lo hacen a través de la sinergia que producen entre sus compañeros. De esa manera desarrollan una influencia tal en ellos que, cuando están presentes, hacen que todo el equipo sea más eficiente.

¿QUÉ ES LO QUE CONDUCE A LAS MEJORES IDEAS?

Para hacer que la mejor idea gane, primero debe generar muchas que sean buenas y después debe trabajar para hacerlas aun mejores. ¿Cómo logran eso los líderes de equipo? ¿Cómo hacen para ayudar al equipo a desarrollar las mejores ideas? Yo supongo que siguen este patrón:

1. Los líderes de equipo escuchan todas las ideas

Descubrir las mejores ideas comienza teniendo una mente receptiva dispuesta a escucharlas todas. El matemático y filósofo Alfred North Whitehead dijo: «Casi todas las ideas realmente nuevas tienen cierto aspecto de poco valor». Durante el proceso de una lluvia de ideas, rechazar cualquiera de ellas puede impedir que se descubran las buenas.

En *Piense, para obtener un cambio,* una de las once capacidades del pensamiento que suelo recomendar a las personas es el pensamiento compartido. Es más rápido y efectivo que el solitario, es más innovador y posee un valor más elevado. Más importante, creo yo, es el hecho de que el pensamiento grandioso se genera cuando el buen pensamiento se comparte en un ambiente de colaboración donde todos contribuyen a un mismo fin, los pensamientos son formados y pasan al siguiente nivel. Un buen líder de equipo contribuye para generar este medio ambiente.

2. Los líderes de equipo nunca se conforman con una sola idea

Creo que muchas veces los líderes se apresuran cuando se conforman con una idea y sólo se manejan con ella. Esto se debe a que los líderes son muy activos. Necesitan avanzar. Quieren hacer que algo suceda. ¡Quieren conquistar la colina! El problema es que algunas veces se esfuerzan para llegar a la cima solamente para descubrir que esa no es la colina indicada.

Una idea nunca es suficiente. La variedad de ellas nos hacen más fuertes. Una vez escuché decir a un analista que creía que esta era la razón por la cual los comunistas fracasaron al final del siglo veinte. El comunismo creó un sistema basado fundamentalmente en una idea. Si alguien trataba de hacer las cosas de otro modo, se le bajaba o se le echaba.

Por otro lado y en contraste, la democracia es un sistema basado en la multitud de ideas. Si las personas quieren implementar algo diferente, tienen la oportunidad de exponer sus ideas y ver qué sucede. Si la idea es atractiva, se avanza con ella; si no, se remplaza con otra idea. Gracias a esa libertad, la creatividad es elevada en los países democráticos, las oportunidades no tienen límites y el potencial para el crecimiento es increíble. El sistema democrático puede ser desordenado, pero eso también es cierto en cualquier intento que es creativo y colaborador.

El mismo tipo de mentalidad de mercado libre que opera en las grandes economías del mundo puede operar en una organización. Si la gente es receptiva a las ideas y las opciones, pueden seguir creciendo, innovando y mejorando.

3. LOS LÍDERES DE EQUIPO BUSCAN IDEAS EN LUGARES INUSUALES

Los buenos líderes son receptivos a las ideas; siempre las están buscando. Desarrollan esa atención y la practican como una disciplina. Mientras leen el diario, cuando miran la televisión, cuando escuchan a sus colegas o cuando disfrutan de una actividad de esparcimiento, siempre están en búsqueda de nuevas ideas o actividades que sirvan para mejorar su trabajo y liderazgo.

Si desea encontrar buenas ideas, debe buscarlas. Rara vez ella lo buscará a usted.

4. Los líderes de equipo no dejan que su personalidad opaque el propósito

Cuando alguien que a usted no le agrada o no respeta sugiere algo, ¿cuál es su primera reacción? Algo en usted quiere desecharla. De seguro escuchó la frase: «Considere la fuente». No es malo para hacerlo, pero si no es cuidadoso, puede que deseche lo bueno con lo malo.

No permita que la personalidad de alguien con quien trabaje haga que pierda de vista el propósito mayor, que consiste en añadirle valor al equipo y hacer avanzar a la organización. Si eso significa escuchar las ideas de las personas con quienes no tiene química o, peor aun, una historia complicada, hágalo igual. Deje a un lado su orgullo y escuche. En los casos en los que usted rechace más las ideas de otros, asegúrese de estar desechando únicamente las ideas y no a las personas.

5. Los líderes de equipo protegen a las personas creativas y a sus ideas

Las ideas son algo tan frágil, especialmente cuando recién salen a la luz. El director de publicidad Charlie Brower afirmó: «Una idea nueva es delicada. Puede ser aniquilada por una expresión de desprecio o por un bostezo; puede ser apuñalada hasta la muerte por una broma o por una mirada con el ceño fruncido».

Si desea que gane la mejor idea, conviértase en un defensor de las personas creativas y de sus contribuciones para la organización. Cuando descubra compañeros que son creativos, promuévalos, aliéntelos y protéjalos. Las personas de corte pragmático suelen censurar las ideas de las personas creativas. Los líderes que valoran la creatividad pueden ayudar a estas últimas para que se esmeren y se mantengan generando ideas que beneficien a la organización.

6. Los líderes de equipo no toman el rechazo personalmente

Cuando sus ideas no sean bien recibidas por otros, haga lo mejor para no tomarlo como algo personal. Cuando alguien en una reunión actúa de esa manera, puede inhibir el proceso de creatividad, ya que en una situación como esa la discusión se convierte en otra cosa distinta a brindar ideas que beneficien a la organización. Algo así como centrarse en la persona que está ofendida. En esos momentos, si usted puede dejar de competir para enfocar su energía en el proceso creativo, abrirá una puerta para que las personas alrededor suyo puedan llevar su creatividad al siguiente nivel.

Mel Newhoff es el vicepresidente ejecutivo de Bozell Worldwide, una agencia de publicidad reconocida. En su rubro, las ideas lo son todo. Newhoff tiene un buen consejo acerca del plano general en cuanto a las ideas y cómo abordar su interacción con otros en relación a ellos:

Sea apasionado con su trabajo y tenga la integridad para defender sus ideas, pero también sepa cuándo transigir.

Sin pasión no lo tomarán en serio. Si no defiende sus ideas, nadie lo hará. Cuando un principio esté en juego, no cambie de opinión.

También hay otro lado de esto. Existen muy pocos «absolutos» verdaderos en la vida. La mayoría están relacionados a cuestiones de gusto u opinión, no de principios. En esos casos reconozca que puede ceder. Si usted nunca corre riesgos, perderá oportunidades frente a los que si lo hacen.

Ser un líder alentador y liderar no consiste en que todo se haga a su manera. No se trata de ganar a cualquier costo. Se trata de ganar el respeto e influenciar a sus compañeros para hacer que todo el equipo gane. ¿Debería ser apasionado y determinado, creyendo en usted mismo y su habilidad para contribuir? Definitivamente. ¿Debería aferrarse a sus valores más preciados y afirmarse e insistir en los principios cuando estos estén en juego? Absolutamente. Pero nunca olvide que tener un espíritu colaborador beneficia a la organización. Cuando usted piensa en términos de *nuestra* idea en vez de *mi* idea o *su* idea, está probablemente en camino a ayudar a su equipo a obtener la victoria. Esa debe ser su motivación, no sólo tratar de ganar amigos e influenciar personas. Sin embargo, creo que descubrirá que si deja que la mejor idea gane, usted ganará amigos e influenciará a las personas.

NOTAS

Capítulo 2

1. La descripción del comandante Smith era tan compleja y detallada que le pedí que me la mandara por email para describirla con exactitud en este libro.

2. Michael Jordan y Mark Vancil, *I Can't Accept Not Trying* (San Francisco: Harper, 1994).

Capítulo 3

1. "Mount Everest History/Facts", http://www.mnteverest.net/history.html.

2. James Ramsey Ullman, *Man of Everest: The Autobiography of Tenzing* (Londres: George G. Harrap y Co., 1955), p. 250.

3. Ibid., p. 255.

Capítulo 4

1. Tommy Franks y Malcolm McConnell, *American Soldier* (Nueva York: Regan Books, 2004), p. 99.

Capítulo 6

1. Peter N. Davies, *The Man Behind the Bridge: Colonel Toosey and the River Kwai* (Londres: Athlone Press, 1991), p. 56.

2. Ibid., pp. 107-8.

3. Ibid., p. 99.

4. "A Tale of Two Rivers", *Electronic Recorder*, marzo 1998, http://home.tiscali.nl/fennema.j/Homepage%20Thailand%20 2004/09_Kamphaeng%20Phet-Kanchanaburi.htm.

Capítulo 8

1. Danny Cox con John Hoover, *Leadership When the Heat's On* (Nueva York: McGraw-Hill, 1992), pp. 69–70.

ACERCA DEL AUTOR

John C. Maxwell es un reconocido experto en liderazgo a nivel internacional, orador y autor que ha vendido más de 19 millones de libros. Es el fundador de EQUIP, una organización sin fines de lucro que ha capacitado a más de 5 millones de líderes en 126 países por todo el mundo. Anualmente habla a los líderes de diversas organizaciones, tales como compañías de la lista Fortune 500, gobiernos extranjeros, la Liga Nacional de Fútbol Americano, la Academia Militar de Estados Unidos en West Point y las Naciones Unidas. Un autor de *best sellers* del *New York Times, Wall Street Journal* y *Business Week,* Maxwell ha escrito tres libros que han vendido cada uno más de un millón de ejemplares en inglés: *Las 21 leyes irrefutables de liderazgo, Desarrolle el líder que está en usted* y *Las 21 cualidades indispensables de un líder.* Se puede leer su blog en JohnMaxwellOnLeadership. com y seguirle en Twitter.com/JohnCMaxwell.

Printed in the USA
CPSIA information can be obtained
at www.ICGtesting.com
JSHW031908230524
63697JS00007B/20